中公文庫

獄　中　手　記

磯部浅一

中央公論新社

目次

獄中手記

〔　〕内は底本の註、〈　〉内は今回の文庫化に際し編集部で付したものです。

行動記

原文には題名はなく、「行動記」のタイトルは底本編集時につけられたもの。揮毫用唐紙25枚に毛筆でしたためられている

昭和十一年八月十二日菱生　誌

第一

八月十二日は十五同志の命日だ。因縁の不思議は此の日が永田鉄山の命日であり、今日は宛《あたか》もその一周忌だ。

昭和十年八月十二日、即ち去年の今日、余は数日苦しみたる腹痛の病床より起き出でて窓外をながめていたら、西田〔税《みつぎ》〕氏が来訪した。余の住所、新宿ハウスの三階にて氏は「昨日相沢〔三郎〕さんがやって来た、今朝出て行ったが何だかあやしいフシがある、陸軍省へ行って永田に会うと云って出た。」余は病後の事とて元気がなく、氏の話がピンとこなかった。

実は昨夜村中貞次氏〔村中孝次の兄〕より来電あり、本日午前上野に着くとの事であったので、村中は仙台へ旅行中で不在だったから、小生が出迎えに行く事にしていたので、病後の重いからだを振って上野へ自動車をとばした。自動車の中でふと考えついたのは、今朝の西田氏の言だ。そして相沢中佐が決行なさるかも知れないぞとの連想をした。そうすると急に何だか相沢さんがやりそうな気がして堪らなくなり、上野で村中氏に会わなかったのを幸いに、自動車を飛ばして陸軍省へ行った。来て見ると大変だ。省前は自動車で一杯、軍人があわただしく右往左往している。たしかに惨劇のあった事を物語るらしいすべての様子。余の自動車は省前の道路でしばらく立往生になったので、よくよく軍人の挙動を見る事が出来た。

往来の軍人が悉くあわてている、どれもこれも平素の威張り散らす風、気、が今はどこへやら行ってしまっている。余はつくづくと歎感した。これが名にし負う日本の陸軍省か、これが皇軍中央部将校連か、今直ちに省内に二、三人の同志将校が突入したら陸軍省は完全に占領出来るがなあ、俺が一人で侵入しても相当のドロボウは出来るなあ、情けない軍中央部だ、幕僚の先は見えた、軍閥の終えんだ、今にして上下維新されずんば国家の前路を如何せんという普通の感慨を起すと共に、ヨオッシ俺が軍閥を倒してやる、既成軍部は軍閥だ、俺がたおしてやると云う決意に燃えた。

振い立つ様な感慨をおぼえて直ちに瀬尾氏を訪ね、金三百円？ を受領して帰途につく。戸山学校の大蔵〔栄一〕大尉を訪ねたのは十二時前であったが、この日丁度、新教育総監渡辺錠太郎が学校に来ていた。正門で大尉に面会を求めると、そばに憲兵が居てウサンくさそうにしていた。これは後に聞いた話だがこの時憲兵は、余が渡辺を殺しに来たらしいと報告をしたとの事である。陸軍の上下が此の如くあわてふためいているのであるから、面白いやらおかしいやらで物も云えぬ次第だった。

相沢事件以来、余と村中に対する憲兵、警視庁の警戒は極端であった。特に赤坂憲兵分隊の態度は憤慨にたえぬものばかりであった。新宿ハウスへは朝から晩迄つききりに憲兵がいる。大体八人は来ていて外出にはウルサクつきまとう。余は「君等も日本人だろう、正義を知れ、何れが正しいかを知れ、而《しか》して微行〈尾行〉をやめよ」と下士に云った所が、驚く勿れ、この憲兵は「いや微行ではありません、公然と付くことになっているのです」と云って、すましているのだ。

村中は仙台に帰っていたが、仙台も相当にひどかったらしい。この頃村中が東北の青年をつれて東京に潜入し、陛下に直訴をすると云う風説がとんだ。又、永田の葬儀の日に磯部が爆弾を以て青山祭場を襲うたと云う風説もつたわった。葬儀の当日、余は相沢中佐に差入れをしようと考えて、リンゴを黒い風呂敷につつんで家を出た所が、憲兵が直ちに微行して来たので、いきなり円タクに乗って憲兵をまきながら、青山から代々木の刑務所へ出た様な事実があった。

陸軍の上下も、国家の内外も、吾等同志の間も実に騒然として、天下の事いよいよ多事ならんとするの気配だ。栗原〔安秀〕、明石〔寛二〕両君等は、若い将校とひそかに何事かを語っている様子。地方の青年将校からも激烈な通信がある。羅南の長尾少尉は聯隊を抜け出して上京し、田中勝君と連絡しているらしい。菅波〔三郎〕大尉上京せりの風説は起ったが、大尉の所在は杳として不明。天下はあげて吾等同志将校に気をもんでいる。

第二

一時パット高まった気分が段々と落ちついて、東京も各地も同志はジックリと考える様になった。特に在京の同志は一様に中佐にすまぬ、在京青年将校のいく地のない事が天下の物笑いの種になるぞ、猛省一番せねばならぬ秋だとの考えを起した様子がありありと見えた。

栗原中尉の如きは、気鋭の青年将校を集めては絶えず慷慨《こうがい》痛憤していた。栗原君は某日余を訪ねて泣いた。

「磯部さん、あんたには判って貰えると思うから云うのですが、私は他の同志から栗原があわてるとか、統制を乱すとか云って、如何にも栗原だけが悪い様に云われている事を知っている。然し私はなぜ他の同志がもっともっと急進的になり、私の様に居ても立っても居れない程の気分に迄、進んで呉れないかと云う事が残念です。栗原があわてるなぞと云って私の蔭口を云う前に、なぜ自分の日和見的な怯懦《きょうだ》な性根を反省して呉れないのでしょうか。今度相沢さんの事だって青年将校がやるべきです。それに何ですか青年将校は、私は今迄は他を責めていましたが、もう何も云いません。唯自分がよく考えてやります。

自分の力で必ずやります。然し希望して止まぬ事は、来年吾々が渡満する前迄には、在京の同志が、私と同様に急進的になって呉れたら維新は明日でも、今直ちにでも出来ます。栗原の急進、ヤルヤルは口癖だなどと、私の心の一分も一厘も知らぬ奴が勝手な評をする事は、私は剣にかけて許しません。私は必ずやるから磯部さん、その積りで尽力して下さい」と。

私は栗原から胸中を打ち明けられて自分でも先年来期する当があったので、「僕は僕の天命に向って最善をつくす、唯誓っておく、磯部は弱い男ですが、君がやる時には何人が反対しても私だけは君と共にやる。私は元来松陰の云った所の、賊を討つのには時機が早いの、晩《おそ》いのと云う事は功利感だ。悪を斬るのに時機はない、朝でも晩でも何時でもいい。悪は見つけ次第に討つべきだとの考えが青年志士の中心の考えでなければいけない。志士が若い内から老成して政治運動をしているのは見られたものではない。だから私は今後刺客専門の修養をするつもりだ。大きな事を云って居ても、いざとなると人を斬るのはむつかしいよ、お互に修養しよう、他人がどうのこうのと云うのは止めよう、君と二人だけでやるつもりで準備しよう、村中、大蔵、香田〔清貞〕等にも私の考えや君の考えを話し、又むこうの心中もよくきいてみよう」と語り合ったのである。

実際、栗原の様なヤルヤル専門の同志がもう三、四人いたら出来るがなあ、暴虎馮河《ぼうこひょうが》の勇者がほしい、熟慮退却の人間が多すぎる、青年将校は政治家でも愛国団体の講演掛でもない筈だと言う考えを起して、すこぶるあきたらぬ時であったから、栗原の言をいちいちもっともなことだと考えた。

栗原に云われる迄もなく、自分で力を作り自分一人でやると云う準備をせねばならぬ事だけは充分に判っていたつもりだが、相沢中佐の様にえらい事は余にはとても出来なかった。其れで相沢事件以来は弱い自分の性根に反省を加え、之《これ》を叱咤激励する事につとめた。特に、ともすれば成功主義即ち打算主義に流れようとする薄弱賤劣な心を打破して、一徹な正義感によって何事もせねばならぬことを、自己の信仰とせねばならぬと考えて、一切の打算から離隔する事に努めた。

村中、香田には意中を語った所、来年三月頃迄には解決せねばならぬと云い、特に香田の如きは七月、真崎〈甚三郎〉大将更迭事件の統帥権干犯問題に非常なる憤激をなし、蹶《けっ》起《き》する決意で武装を整えて週番に服した事を語って、決意すこぶる堅い事を知った。

相沢事件以来、警戒厳重になって相当に活動をジャマされたが、村中と余は同居して東西に奔走した。

十月末になって、余は思う所あって、村中と別居して一戸を構えた。思う所というのは、いよいよ蹶起の準備にとりかかる事だ。村中、渋川〔善助〕が、相沢中佐の片影、大眼目等の文書戦事務に熱中しているので、余は武力専門でゆこう、文書戦など如何にして見た所で、金がいるばかりだと云う至極簡短な考えから、文書戦事務から遠ざかったのだ。余はどこ迄も実力解決主義で、実力をつくること、然もその実力は軍隊を中心とした実力でなければいけないと考えたので、自分一人ででも蹶起し得べく、田中勝の部隊を中心として実力編成に専念する事にした。この考えから、十月末以降は栗原との連絡と田中、中島部隊及び、河野との連絡打合せをしばしば実施した。

第　三

十一月中は専ら田中部隊を中心として、小数〈少数〉の同志で快速なる活動により斬奸の目的達しようと考え、図上の考案や腹案をねったが、なかなか思う様に行かぬ。特にどう考えても満足出来ぬのは、将校同志三名（田中勝、河野寿、余）だけで数目標を襲撃することが至難である関係上、下士官を如何に配置するかと云うことと、如何に之を短日時の間に訓練するかと云う事であった。田中勝は砲兵学校在学中であったから、十二月卒業帰隊後、下士官、兵の革命教育を始めねばならぬ状況にあるし、河野は元野重七出身であるが、飛校在学中でとても下士官等の訓練、訓とうは出来得べくもない。何れの条件から云っても、部隊はとても思う様に維新的訓練は出来そうにもない。茲《ここ》に於《お》て余は、下士官兵が思う様に訓練出来なければ、指揮官の決心を異常に高めておく必要があると考え、田中、河野との連繋を密にする一方、余自身の決意を確りとさせる修養をした。

十二月になってからは、一日から二十日迄は他出して、雑多な人と雑談するをさけ、妄念の断離につとめた。之が為毎朝早く起き、明治神宮に参拝することと、北〔一輝〕氏著の国体論の精読浄書を日課とした。

かくの如くして居る間に、余の腹中に何物か堅い決意の中心が出来た。いよいよ決行出来る丈けの腹が出来たと云うわけだ。それで今度は少しく軍当局者の腹中もさぐって見たいと云う慾が出来たので、秦中将を通じて荒木〔貞夫〕、真崎、古荘〔幹郎〕、杉山〔元〕等から、何事か起った場合の中央部の態度を知ることにつとめた。村上〔啓作〕大佐を通じ陸軍大臣の態度をたしかめ、且《かつ》、萱野氏を通じ森伝《つとう》氏〈政治浪人〉から真崎、川島〔義之、陸相〕の態度について確めた処《ところ》が、どれもこれも大した返事はきかれぬ、唯一同一様に困っているらしい事だけはたしかだ。何事か起らねばかた付かぬ、起った方が早く片付くと云った事丈は皆考えている事がたしかである。十二月中には小川〔三郎〕の上京を機会に、古荘、山下〔奉文《ともゆき》〕、真崎に会った。

古荘は一流の理窟をクドクドと云っていて、とても吾々の様にせいている人間と話があいそうにもなかったが、小川が「このままおいたら必ず血を見ますがいいですか」と云ったに対し、ウウとつまった。そして急進ではいかんとの旨を述べた。山下は改造改造と云うが、案があるか、案があるならもって来い、アカヌケのした案を見せてみろ、と云って一応嘲笑した態度であったが、「案よりも何事か起った時どうするかと云う問題の方が先だ」という意味の余の返答に対して、「アア何か起った方が早いよ」と云って泰然としていた。又、真崎は非常に憤慨したおももちで、「このままでおいたら血を見る、俺がそれを云うと真崎がせん動していると云う、何しろ俺の周囲にはロシヤのスパイがついている」等、断片的に事局〈時局〉いよいよ重大機に入らんとするを予期せる如くに語った。

これより先、七月頃？　余は川島を訪ねて談を聞いた所、川島は「現状を改造せねばいけない、改造には細部の案なぞ初めは不必要だ、三つ位《くら》いの根本の方針をもって進めばいい、国体明徴はその最も重要なる一つだ、軍備は宇垣〔一成〕、山梨〔半造〕時代に、馬の脚を三本にした様に全くカタワにしたから至急に充実せねばいかん、三十億位いの予算を必要とするのだ、広義の国防と云う見地から国民生活の事も考えねばいけない」と云う様な話を二時間にわたって熱心にして呉れた。そして真崎、荒木の事を世間で彼是云うが、二人とも立派な将軍だ、余は人事局長時代、真崎、荒木を要職につかしむべきを具申した事がある。真崎を参謀次長にスイセンしたのは余である、と云う事も語った。

又、川島は林〔銑十郎〕のあとをうけて大臣に就任する時、菅野氏〔菅野氏へは森氏より？〕を通じて、青年将校の動静をたずねて来た。余は事局の重大性をとき、青年将校の蹶起の必然をほのめかし、川島の断じて大臣たるべからざるを力説して譲らなかった。森氏の如きは、余の意見に全部的同意をなし、川島の出馬を阻止したが、川島は断乎出馬した。彼が大臣に就任するにあたり、真崎と相談し、「青年将校の方はどうだろうか」と問いいたるに、真崎は「この状態では誰が大臣になってもむつかしいが、君がなるなら俺が出来る丈の事はして助ける」と答えたとの事は確実なる話だ。

大臣就任早々、彼は七月訪問の際、余に語りたる所の三つの方針を発表して強硬態度で活動し出した。余はヤルナと思ったので、十二月迄に内閣を倒して川島に引け、という意見の具申をして見た所が、なかなかそう急にはゆかぬが、ヤラネバナラヌコトはやると云った様な態度である事が分った。以上の諸点を表裏から考案してみると、川島には何等かの腹がある、事件突発の時、頭から青年将校を討伐はしない、必ず好意的善処してくれると考えた。

第四

昭和十一年の新春を迎えて世は新玉の年をことほぎ、太平をうたうのであったが、余の心は太平所か新年早々、非常な高鳴りをなし、ショウソウを感じて日々多忙を極めた。年末に企図した倒閣運動は功を奏しないのみか、重臣元老の陣営は微動もせぬ、牧野〔伸顕〕の後任として斎藤〔実〕が入り、一木〔喜徳郎〕は依然として辞任しない。しかのみならず、多少の信頼をつないでいる川島の態度は、次第に軟化する様子さえ見える。年末の軍事予算問題にミソをつけた川島は部内から反対をされ、後任として余の最も警戒し居たる寺内〔寿一〕の呼び声が起った。ここで寺内にでも出られたら、大変な事になる。寺内は斎藤の腹臣児玉〔秀雄〕と従兄弟関係にあり、湯浅〔倉平〕とは同郷関係、木戸幸一とも裏面の関係がある事は想像にかたくない。然る次第で、寺内の陸軍大臣説に対して、余は重臣元老群の逆襲拠点の補強作業がはじまったのだと観察した。

註、十二月末頃迄は倒閣によって少しでも局面の新しく展開することを希望していた。茲《ここ》に於《おい》て、余は倒閣運動に対する考えを一変した。その理由は倒閣は必ずしも不可ではないが、その結果寺内が出馬することになると、維新派のために極めて不利になる、だから優柔でも川島が存在している事の方が好都合だ、従って倒閣運動などに力を入れることはつまらぬことだと云うわけだ。

一月廿日すぎてからは専ら武力解決の為に全力をそそいだ。議会が解散されて相当に世の中が騒しくて、同志中にも選挙の結果がどうなるの、こうなるのと云って、それに気をとられて情況判断の競争をしているかの感を抱かしむる者等もあったが、余はそんな事に不関《かかわら》ず、否選挙運動に興味をもち之に没頭する様な同志はこの際、見かぎりをつける可《べ》きだ、革命運動は選挙運動でもなく、政治ゴロの政治運動でもない、革命家が選挙運動をすると云うことは、革命家の堕落だとさえ考えた。それで同志中の誰かに語った事がある。

選挙運動なんかやる連中は、吾人の真の同志にはなり得ないものだ。愛国運動者の屑《くず》だ。吾人はかくの如き同志の為に、その冷厳な革命精神をかき乱されてはならぬ。特に革命将校は剣によって事を解決する事を誇りとしなければならぬ程のものである筈だ。だから選挙運動をやる連中などと絶縁せよ。而《しか》して二月の下旬に定る選挙の結果などを、一ヶ月も前からかれこれと想像したり判断したりしている事は、時間と精力の浪費だ。今や吾人革命軍人が考えねばならぬことは選挙の結果ではなくて、それがどうであろうと選挙終了の時機には剣をとって蹶起せねばならぬと云うことだ。今は情況判断の時機ではない、決心の時機だと。

余は武力蹶起について、兵力部署等に関しては目安をつけていたので、大体心配ないと考えたが、軍部の態度については一面憂慮した。それで一月二十日以降に於ては、軍上層部の意向を少しでも知っておきたいと考えたので、川島陸相の所を先ず訪ねた。一月二十三、四日頃の夜、森氏と共に官邸に至り、三時間余り会談したが、大した収穫もなかった。唯余は「渡辺教育総監は世の疑惑大である。特に新年早々テキ屋にねらわれた事実さえあって、青年将校の憤激は一通りではない。あのままにしておくと必ず血をみる。然も教育総監部系統の将校が多数して渡辺大将を斬る様な事態が必ず起る。青年将校も今度やれば五・一五事件位いの小さな事ではなくて、大仕掛な事をやると思うが、一体事件の起きた時、如何に軍部はなすべきや」と問を発してみた。

所が大臣は、「渡辺大将は自分でやめるとよい、君等はそれをすすめたらいいだろう」と答え、更《さら》に余が、地方でも将校団の青年将校や教導学校の区隊長等が、誠心をひらいて辞職をすすめているが、却って之等の将校が弾圧されている。最早つくすべき所は尽したのだから、此の次には必ず何事か起るという事を返答したら、大臣は大体、千葉歩校、豊橋教校及び九州、朝鮮、東北各地将校の教育総監に対する辞職勧告乃至之《ないしこれ》が弾圧の状態を知っていて、余に之を語りながら、仕方がないなあと云う旨をもらした。

第　五

そこで余は、必ず何事か起りますぞと強く一本釘をさした。又、森氏は、磯部君は青年将校をなだめるのに困る状態にあるらしい、私は磯部君を常に引止める様にしているが、どうも一般の状態は最早停止させる事は出来ぬらしいのだから、大臣、あなたがウンと力コブを入れて努力せられねばいけません、と付加えた。会見は以上の程度の内容しかなかったが、この会見に於て、余の川島から受けた感じは、何事か突発した場合、弾圧はしないと云う事であった。

夜十二時過、帰宅せんとするとき大臣は、わざわざ銘酒の箱詰になったのを玄関に持出し、一升ビン一本を取り出しこの酒は名前がいい雄叫と云うのだ、一本あげよう、三、四本あるといいが二本しかないから一本あげよう、自重してやりたまえ、等云ってすこぶる上機嫌であった所などを考えても、何だか吾々青年将校に好意を有している事を推察するに難くなかった。

川島との会見に於て充分なる結果を得なかったので、川島と交友関係に於て最も厚い真崎を訪ねる事にして、一月二十八日、相沢公判の開始される早朝、世田谷に自動車を飛ばした。面会を求めた所が用件を尋ねられたので、名刺の裏に火急の用件であるから是非御引見を得たい、との旨を記して差出したら、応接して呉れることになった。

真崎は何事かを察知せるものの如く、「何事か起るのなら、何も云って呉れるな」と前提した。余は統帥権干犯問題に関しては決死的な努力をしたい、相沢公判も始る事だから、閣下も御努力していただきたいと云って、金子の都合を願った。大将は俺は貧乏で金がないが、いくら位いるのだと云う。金は千円位いあればいい、なければ五百円でもいいと云って、大まけをして半額に下げた。「それ位いか、それなら物でも売ってこしらえてやろう、君は森を知っているか、森の方へ話してみて必ずつくってやろう」と云って、快諾して呉れた。

余は、これなら必ず真崎大将はやって呉れる、余とは生れて二度目の面会であるだけなのに、これだけの好意と援助とをして呉れると云う事は、青年将校の思想信念、行動に理解と同情を有している動かぬ証拠だと信じた。特に森氏を真崎が絶対に信じている事、及び川島と森氏とが極めて親交があることを先に実見した事から、川島、真崎の関係が絶対に良好であることの確信を得た。

森氏が実によく青年将校の情態を知っているのは、真崎、川島から聞くのだ。この事から想像すると、両将軍が青年将校の威武を相当にたよりにしている事が明かである。殊に真崎は村中、磯部は免官になったが、復職させてやるなどと森に語った事すらあるらしいのだから、尚更だと云える。

第　六

陸軍に於て、陸軍大臣と之を中心とした一団の勢力が吾人の行動を認め、且《か》つ軍内の強硬派たる真崎が背後から支援をして呉れたら、元老、重臣に突撃する所の吾人を弾圧する勢力はない筈《はず》だ。若《も》し弾圧することになると、弾圧した勢力は国民の敵たる元老、重臣の一派とならねばならなくなるのだから、大変なことになる。まさか軍部が国民の敵となって重臣、元老と結托〈結託〉はすまい。多少の異論、或《あるい》は相当の混乱は軍部内にも起るだろうが、頭から青年将校をたたきつける様な事はすまいと云うのが、余の一月中迄《まで》に得た情況判断だ。

これは真崎、川島、古荘、山下、村上軍事課長と直接面会して感得した所だ。村上の如《ごと》きは余に対して、君等を煽動するのではないが、何か起らねば片付かぬ、起った方が早い、と云って、宛も事の起るのを待つかの如くであった。

相沢中佐の公判は劈頭《へきとう》より大波瀾を起した。予審のズサンなる取調べに対し、弁護士が俄然鋭い攻撃を始めたからだ。公判に対する世論の評は、将《まさ》に中佐に九割の勝利を示している、全国民の声援も甚だしく高まりつつある。

余は去年来の決心をいよいよ強固にした。それで他の同志がたとい蹶起せずとも、余は田中部隊を以て河野、山本〔又《また》〕と共に蹶起する決心で着々準備をした。

栗原もその周囲（歩一〈歩兵第一聯隊〉を中心とし近三〈近衛歩兵第三聯隊〉）をガッチリとかためる事に日夜をあげている様子だ。唯困った事は襲撃目標を如何なる範囲にし、如何に部隊を配当するかと云う事である。余は最初は少数同志でやるつもりでいたが、栗原の言によると相当なる部隊を出し得るとの事だ。

余の計画は最初は田中、河野、余と三人で岡田及び内府をたおして政変を起す程度で満足せねばならぬと思っていたのであったが、栗原は、その関係方面の実力を以て、三目標は完全にやれると云うのだ。そこで栗原が一案を出して、岡田、斎藤、鈴木貫位いでどうですかと云うのだ。余は牧野は如何と云うたら、牧野はいいでしょう。もう内府をしりぞいて力を振うわけにはゆかぬではないか、と云うのだ。余は牧野、西寺〔西園寺公望〕をたおさねば革命にはならぬ、維新の維の字にもならぬ。政変が起って、しかもそれが吾々同志に不利な政変になるかも知れぬぞ、と答えて。大きくやるなら徹底的に殺してしまわぬと駄目だ、特に牧、西は絶対に討たねばだめだ、と主張した。そしたら栗原も同意して、牧野は一体どこに居るのだと云うことになった。さあ困った、牧野の居所も知らずにヤル〳〵云うの愚を恥じ、且つ笑った。急に考えついて、牧野の住所を偵察する事にして色々と調べてみると、鎌倉に居ると云い、芝に居ると云い麻布の内府官邸にまだ居ると云い、一向に見当がつかぬが、二人して一心に探した。栗原は鎌倉に二度も行って別荘の要図を作製して来た。

第　七

栗原と余は、牧野の偵察に余念がないのだが、どうも所在が分らない。警察へきけばわかるだろうが、うかつな事をしたらとんでもない事になるし、それかと云って、知名の士で牧野と近い人との知り合いももたぬし、新聞記者にでもきけばよかろうとも思ったが、適当な人物を見出さぬ。ほとほと困っていた所が、二月三、四日頃の東京朝日？　の人事消息欄に牧野伯、湯河原の光風荘に入る、午後一時卅幾分に小田原駅通過、の記事があるのだ。余はシメタと思い河野に連絡したら、河野は至急に偵察して、見当り次第ヤルと意気込む。河野の決意を部隊の担当者たる栗原に通じたら、彼は今やられたら部隊で困る、同時決行でないと各個撃破を受けるから、一時隠忍して貰いたいという。

余はここに於て、速《すみや》かに歩三部隊の決意をきき、且つ歩一、歩三、田中部隊、近三、単独将校各々の間の連絡打合せもしておかねばならぬ事に気がついた。何故にもっと早く各部隊の決意を正し、連絡を完了しておかなかったかと云えば、それには多少の理由がある。即ち余は、最近迄は余の周囲の力（田中、河野）のみで決行し、他部隊に迷惑をかけずに歩一、歩三等、多くの部隊を残しておこうと云う腹であったことが一つ、それに企図の秘とくだ。この事は決心が強固になればなる程、完全に出来ると云う哲理を附記しておこう。

いよいよ強い決心をしてしまうと、俺はやるのだ等、他人に云えなくなる。他人に決心を打ち明けて見たい気のする時は、まだまだ自己の決意が固くないのだ。この場合は他人に話してみて他人の意見をきき、自分の決心の不足分を補足せねばならぬわけだ。この哲学を理解せぬ憲兵や法務官に、「一人でもやると云うかたい決心をしたのだから、西田税に相談しない筈はない、西田には早くから相談したのだろう」と云って責められて、説明に困った事が予審中しばしばあったが、実際ウソでもかくし事でもない、強固な決心をすると他人に相談する必要がない、したがって企図の秘とくは完全にゆく。余は昨冬より独力決行の決意であった為に、部隊の将校にやらぬかやらぬかと云って勧誘をする必要がなく、下手な勧誘が企図の暴露にもなると考えた事が理由の一つだ。

以上の様な理由で、二月はじめ迄は殆《ほとん》ど部隊との連絡打合せの必要を感じなかったので、二月初めに河野が先駆すると云い出した時には、相当にあわてねばならなかった。そこで河野は一つの意見を出して、「磯部さん、ヤルトカ、ヤラヌとか云う議論を今になって戦わしていてはいけない、それでは永久に決行出来ぬ事になるから、この度は真に決行の決意の強い者だけで結束して断行しよう、二月十一日に決行同志の会合を催してもらいたい、其の席で行動計画等をシッカリと練らねばならん」と云うのであった。

第　八

河野の意見にもとづいて二月十日夜、歩三の週番司令室に於て、安藤〔輝三〕、栗原、中橋〔基明〕、河野と余の五人が会合した。会談の内容は、いよいよ実行の準備にとりかかろう、準備の為には実行部隊の長となるものの充分なる打合せが必要だから、今後時機を定めて会合する事にしよう、而して秘とくの為、この会合をA会合として、五人以外の他の者を本会合には参加させまい、他の同志を参加させる会合をB会合としておく事にする等のバク然たる打ち合せをした。余は安藤の決心を充分に聞きたかったので、一応正してみると、「いよいよ準備をするかなあ」と云った返答だ。慎重な安藤が云うことであるから、安藤も決心していると考えた。河野は余に語って「今度こそは出来る、顔ブレがいい」と非常に喜んでいた。

二月十一日に西田氏を訪ねた所、氏は五・一五事件の時、射《う》たれた時の着物類を裁判所から受取って来たと云ったので、余は見せて呉れと頼んで之を見た。ベットリと黒ずんだ血が一杯についていて当時の惨劇を偲《しの》ばせる。余は「西田さん、血がかえって来るということはいい事です、今年はきっといいですよ」と云った。

比の時、同志の情況について語ろうかとも思ったがやめた。西田氏の血のついた紀念品を見てかえって、十一日の夜は相沢中佐の写真の前で「私は近く決行します」と誓言をした。もとより西田氏の仇討ちだと云う簡短な感慨も多分にあった。余は日本改造方《(ママ)》案を絶対に信じているし、北、西田両氏を非常に尊敬しているから、西田氏を射った時世と人間どもに対して激しい怒りを有している。

二月十四、五日頃(土曜日の晩)、河野が軍刀とピストルをもって訪ねて来て「私は一足先にやるかも知れぬ」というのだ。我慢出来ないかと云ったら、いや牧野の偵察をしに湯河原へ行くだけですよ、と云って笑っている。余は部隊の方の関係から云うと軽挙は出来ぬぞ、と注意したら、「何にッ、牧野と云う奴は悪の本尊だ、それにもかかわらず運がいい奴だから、やれる時やっておかぬと、又何時やれるかわかりませんよ、やれたらやってもいいでしょう」と云って笑っている。余も河野の人物を信じているから、「よかろう、やって下さい、東京の方は小生が直ちに連絡をして、急な弾圧にはそなえる事にしよう、若しひどく弾圧をする様なら、弾圧勢力の中心点に向って突入する事位いは出来るだろうからやって呉れ」とたのんだ。

　これより先、河野は余に『磯部さん、私は小学校の時、陛下の行幸に際し、父からこんな事を教えられました。「今日陛下の行幸をお迎えに御前達はゆくのだが、若し陛下のロボ〈鹵簿〉を乱す悪漢がお前達のそばからとび出したら如何するか」。私も兄も、父の問に答えなかったら、父が厳然として、「とびついて行って殺せ」と云いました。私は理屈は知りません、しいて私の理屈を云えば、父が子供の時教えて呉れた、賊にとびついて行って殺せと言う、たった一つがあるのです。牧野だけは私にやらして下さい、牧野を殺すことは、私の父の命令の様なものですよ』と、其の信念のとう徹〈透徹〉せる、其の心境の澄み切ったる、余は強く肺肝をさされた様に感じた。

第九

確乎たる決心をもって湯河原に行った河野が翌日夜に入って、ガッカリしましたと云って帰って来た。湯河原の光風荘をさがしたが、そんな所はないとの事だ。牧野は天野屋へ時々やって来るとの事を旅館のものにきいたので、それとなく天野屋をさぐってみたが、牧野は来ていない事がたしかだとの報告だ。余は何等かの方法で探る事を約した。清浦〔奎吾〕が最近牧野に会見を申込んだ所が、牧野から断られたとの旨を記した清浦の手紙を、森氏の宅で見た事を思い出して、それとなく森氏に尋ねてみたらと思って訪問してきいてみると、それは何とかしてしらべてみようとの話だ。

二月十八日、栗原宅に村〈中〉、栗〈原〉、安〈藤〉、余が会合して、いよいよ何日に如何なる方法で決行するかを決定しようとの考えで、意見の交換をした。所が意外にも、安藤が今はやれないというのだ。村中が理由をきいたが、理由は大して述べないで時機尚早をとなえた。最後の紙一重と云うむずかしい事になると、ヤルと云う方も、やらぬと云う方もお互いに理由など大してないのが自然だろう（直観というか、カンと云うか）。余はヤルと主張した。余のヤルと云うのも大した理由はないのだ。一日も早く日本の悪を斬り除かねば気がすまなかった迄だ。悪を斬るという事にだけ成功すれば、先ずそれでいいではないか、と云うのが余の不断の主張だからだ。悪を斬っただけでは駄目だ、その次に何か起る、その又次を考えよと云う、よくを出すときりがない。今一度に昭和三十年頃迄の事を予定して、蹶起か否かを決定する様な事は出来ない。

余は最初から、歩一がやらぬでも、歩三がやらぬでも、独力決行するつもりでいたのだから、安藤の時機早しとの意見に左右される程の事もないと考えたので、「俺はヤル」と云った迄だ。とに角この会合で来週中にやると云うことだけは決定した。

二月十九日朝十時、東京発で豊橋へ行く。対馬に愈々《いよいよ》在京同志が近く決行する事を語り、興津の襲撃を依頼した所、直ちに快諾した。金の入用を訴えたので、鈴木〔五郎〕に話して見てくれと云って、余より鈴木宛の依頼状をしたためておいて、翌日帰京した。

西園寺邸は対馬〔勝雄〕、竹島〔継夫〕と共に、余が昭和九年偵察したし、去年八月田中勝が再度の偵察をして、地形及び警戒状態は詳細にわかっていた。特に余は西田氏を通じ、サツマ〔薩摩雄次〕氏より邸内の様子家屋の間取り迄くわしく研究して（昭和九年より）いたので、大して困難な襲撃目標でない事を知っているが、豊橋より興津迄自動車で夜間七時間近くを要するので、此の点を心配した。

二月二十一日、山口〔一太郎〕大尉を村中と共に訪ね、行動発起直後に於ける歩一の残部部隊の行動に関し依頼をした所、残部部隊は週番司令の独断で市中の警戒につける事、柳川〔平助〕を台湾から呼ぶこと等を大尉は語った。余は柳川問題なんかたぬきの皮をとってからの話だと考え、大して問題にしなかった。又、山口大尉より西園寺を襲撃することはやめたら如何、との話があったが、余は断乎之に反対した。

第十

同じく二月二十一日の夜、森氏を訪ね、先日依頼の牧野の居所をたずねると、湯河原の伊藤屋旅館にいるとの事だ。余は平然をよそおっていたが、内心飛び立つ程にうれしかった。この夜十一時頃、安藤を訪ねて、この数日間の情況について語って、不安なく決行して呉《く》れる様《よう》に話した。山口大尉の決心処置、真崎、本庄〔繁〕、清浦等の工作並びに豊橋部隊の情況等がその主なるものだ。

二十二日の早朝、再び安藤を訪ねて決心を促したら、磯部安心して呉れ、俺はヤル、ほんとに安心して呉れ、と例の如くに簡短に返事をして呉れた。本日の午後四時には、野中〔四郎〕大尉の宅で村中と余と三人会う事になっているので、定刻に四谷の野中宅に行く。村中は既《すで》に来ていた。野中大尉は自筆の決意書を示して呉れた。立派なものだ。大丈夫の意気、筆端に燃える様だ。この文章を示しながら野中大尉曰く、「今吾々が不義を打たなかったならば、吾々に天誅が下ります」と。嗚呼《ああ》何たる崇厳な決意ぞ。村中も余と同感らしかった。野中大尉の決意書は村中が之を骨子として、所謂《いわゆる》蹶起趣意書〈【付録2】「蹶起趣意書」参照〉を作ったのだ。原文は野中氏の人格、個性がハッキリとした所の大文章であった。野中氏は十五日より二十二日の午前中迄、週番司令として服務し、自分の週番中にでも決行すると云って安藤を叱った程であったから、其の決意も実に牢固としていた。

これより先、十五日、夜、安藤と共に山下奉文を訪ねた。歩三の青年将校は山下から、統帥権干犯者は「戒厳令を布《し》いて斬るのだなあ」との話をきき、非常に元気づいていた。野中大尉の部下たる常盤〔稔〕少尉の如きは十六、七日頃、警視庁襲撃の予行演習をやった事があって、歩三は警視庁から仁義をきられた様なうわさもあった。

野中、安藤、栗原、河野、中橋、村中等、同志の決心はシッカリとキマッタので、二十二日の夜は栗原宅に河野、中橋、栗、村、余の五人が会合して、襲撃の目標、決行日時、兵力部署等を決定した。

襲撃目標は五・一五以来、同志の間に常識化していたから大した問題にならず、簡短に決定した。唯世間のわけを知らぬ者共から見て、渡辺と高橋〈是清《これきよ》〉は問題になると思うから、理由を記しておく。高橋は五・一五以来、維新反対の勢力として上層財界人の人気を受けていた。その上、彼は参謀本部廃止論なぞを唱え、昨冬予算問題の時には、軍部に対して反対的言辞をさえ発している。又、重臣、元老なき後の重臣でもある。

渡辺は同志将校を弾圧したばかりでなく、三長官の一人として、吾人の行動に反対して弾圧しそうな人物の筆頭だ。天皇機関説の軍部に於ける本尊だ。茲に特に附記せねばならぬ事は、林銑十郎を何故やらなかったかである。それは第二次的にやると云うことと、林はすでに永田事件でみそをつけていて一般の人気もないし、単なる軍事参議官にすぎぬから大して問題にせぬでもよかろう位いに極くカンタンに考えてしまったからだ。名分の上から言うと、統帥権干犯の首カイ〈首魁〉たる林は、どうしても討たねばならぬのであった。

第十一

栗原は二十三日に豊橋に行き、対馬部隊と細部の打合せをなす事になる。この時当然に、栗原は平素準備しておいた小銃弾（二千発）を携行した。村中は、演習出張の為不在であって、未だ決定事項の連絡或は意見の聴取をしていなかった香田と連絡し、余、中橋等と各々連絡を担任する。

二十三日夜は歩三週番司令室に於て安藤、村中、香田、野中、余、坂井〔直《なおし》〕の会合をなし、いよいよ計画の細部打合せをする。二十四日は歩一司令室にて野中、山口、香田、村、余、会合す。当日も行動計画の研究が主であった。夜、田中勝が夫人同伴で連絡旁々《かたがた》来る。二十五日は湯河原へ偵察に行った渋川〔善助〕の連絡を待った。午前十一時、渋川の夫人が西田氏宅に帰って来たので手紙を見ると、牧野はたしかに伊藤屋の別館に滞在しているとの通知、伊藤屋本館に滞在中の徳大寺の所へ時々囲碁をやりに来る。其の時も警戒付で、平素四、五人の警官がついているとの報だ。此の報を余は河野に伝える約束で、自宅で河野を待ったが、定刻の十一時になっても来ず、午後二時迄待って来ぬので、余が自ら牧野を討ちに行く事を栗原に相談して出発しようとしていたら、河野が急いでヤッテ来た。そして遅刻の弁解が面白い。「今朝登校したら、急に金丸原へ飛行せよと命ぜられて、断る訳にもゆかず、仕方なく飛行機を出しましたよ。午前十一時におくれては大変と思い、ママヨ墜落したら其れ迄だと思って、無茶に速力を出してとびましてね。一番乗りをやりました。神様が助けて呉れたか、無茶苦茶をやって飛んだのに落ちなかったですよ」と云うのだ。余は少々あきれた。大胆不敵な男だと思ってあきれたのだ。

河野が出発した後、西田氏を訪ねた。

西田氏は、今回の決行に何等かの不安を有している事を余は知っているので、安心をさせるために、予定通りに着々と進んでいる旨を知らすためであった。

西田氏の不安と云うのは、察するに失敗したら大変になるぞ、取りかえしがつかぬ、有為な同志が惜しいと云う心配であった様だ。余は初期には西田氏にも村中にも何事も語らないで、自力で所信に邁進しようとしていたので、昨年末以来、西田氏に対してヤルとかヤラヌとか云う話は少しもしなかったのだ。所が二月中旬になって、在京同志全部で決行する様な風になったので、一応西田氏に打ち明けるの必要を考え、村中と相談の上、十八、九日頃になって打ち明けた。氏は沈思していた。その表情は沈痛でさえあった。そして余に語った。「僕としては未だ色々としておかねばならぬ事があるけれども、君等がやると云えば、今度は無理にとめる事も出来ぬ。海軍の藤井〔斉《ひとし》〕が、革命のために国内で死にたい、是非一度国奸討伐がしてみたいと云っていたのに上海にやられた。彼の死は悶死であったかもしれぬ。第一師団が渡満するのだから、渡満前に決行すると云って思いつめていた青年将校をとめる事は出来ぬのでなあ」と云って、何か良好な方法はないかと苦心している風だった。

余は若し失敗した場合、西田氏に迷惑のかかる事は、氏の十年間の苦闘を水泡に帰してしまうので相すまぬし、又、革命日本の非常なる損失と考えたので、一寸その意をもらしたら、氏は「僕自身は五・一五の時、既に死んだのだからアキラメもある、僕に対する君等の同情はまあいいとしても、おしいなあ」と云った。余はこの言をきいて、何とも云えぬ気になった。どこのどいつが何と悪口を云っても、氏は偉大な存在だ、革命日本の柱石だ。我等在京同志の死はおしくないが、氏のそれはおしみても余りある事だ、どうしても氏に迷惑をかけてはならぬと考えた。

第十二

二十五日夕、山本又を待つ。午後六時すぎ来たのでいよいよ本夜半より準備して、明払暁決行する旨を語り、参加を求む。直ちに諾す。流石法華経の行者だけに、尊皇討奸の折伏《しゃくぶく》をのみ込むのも早い。平素立派な人だと信じていた通り、大事に臨んでひるむ色を見せぬ大男児である。

午後七時平然と家を出る。妻は何事も知らず帰宅の時刻を尋ねる。「今夜はおそい、先に休め」と簡短に云って別れる。自動車を飛ばして歩一へ急ぐ。大東京は何も知らぬ風に夜の幕につつまれてしまっている。

機関銃隊にて栗原、林〔八郎〕、池田〔俊彦〕、丹生《にぶ》〔誠忠《まさただ》〕等の同志と、万端の準備を急ぐ。鴻之台より伝令が来て、田中部隊の支障なきを知らせる。余は軍服に着換え、十一中隊に移動した。村中、香田と共に諸々の打合せをする。蹶起趣意書を刷り、陸軍大臣に対する要望事項の案等をつくる。又、斬殺すべき軍人、通過を許すべき人名表等を作る。要望事項は村中、香田両人が作案した。其の概要を記すると、

一、事態容易なるざるを以て、速かに善処すべきこと。
一、小磯〔国昭〕、建川《たてかわ》〔美次《よしつぐ》〕、宇垣、南〔次郎〕等将軍をタイホすること。
一、同志将校、大岸《おおぎし》〔頼好《よりよし》〕、菅波等を招致すること。
一、行動部隊を現地より動かさぬこと。

吾等は維新の曙光を見る迄は断じて引かず、死を期して目的を貫徹すると云うのであった。又、余の作製した斬殺すべき軍人は林、石原〔莞爾〕、片倉〔衷《ただし》〕、武藤〔章〕、根本〔博〕の五人であったと記憶する。斯くする内、二月二十五日夜は刻々に更けてゆく。

憲兵、法務官等が余に、二月事件は計画がズサンだと云う事を屡々《しばしば》云った。恐らくこの批評は社会の公評であろう。余は第三者的法務官、憲兵などから、計画がズサンだと云われても大して怒る者ではない。たとえそれが社会の公評であっても、何等意に介するを要しない。然し、同志から計画がズサンと云って、一笑にせらるることは限りない苦痛だ。だから茲に、計画に関する一つの所見を付しておくことにする。

蹶起の目的は

重臣、元老、特にロンドン条約以来の統帥権干犯の賊を斬り、軍部を被帽して維新の第一段階に進むことであって、決して五・一五でも、血盟団でもなく、生野〔の変〕でも、十津川〔の変〕でもない。鳥羽、伏見〔の戦〕のかくごである。所が表面あく迄軍部を被帽して進むのであるが、軍部が弾圧態度を示した時には自爆して、被帽軍部と共に炸裂せねばならぬ、すこぶる微妙な鳥羽、伏見である。このために実行計画も甚しく立案の困難なものである事になる。例えば襲撃目標についても、最初から軍内の弾圧勢力を相当数斬るか、軍内には全然刃を向けないか、と云うハンモンすべき問題にブッ突かる。襲撃後の部隊の集結位置及び行動に於ても、陸軍省、参謀本部を包囲する如くやるか、或いは全然両所を解放してしまうか。又は最初から省、部内への交通を杜絶して、幕僚等の大臣に対する一切の策動を避くる如くするか。第一次目標襲撃後、軍内の空気を速かに看取して、第二次目標を襲撃すべきか否かを決定せねばならぬのであって、不適当な時機に無暗に動乱化を計れば、却って軍部の怒りを買わねばならなくなる等、一切合切の問題が極めて複雑であって、すべて最初から計画することの不可能な条件ばかりである。

情況は陣内戦である。各級指揮官の果敢なる独断と、各部隊の勇敢なる戦闘によって戦果を拡張せしむるより外に方法がないのだ。余は二月二十三日北先生を訪ね、支那革命の武昌の一挙の時、ソウソウ〈錚々〉たる革命の志士が皆過失をおかしているのは何故かとたずねたら、「何しろ革命と云う奴には計画がないのだからね、計画も何もなく、自然に突発するのだから、どんな人だってあわてるよ」と云われた。成程《なるほど》と思った。革命は機運の熟成した時、自然発火をするものだから計画がない、予定表を作製しておくわけにゆかぬ。その発起より終末迄、殆ど無計画状態にて終始する。

この哲理を解せずに、二月義軍事件を評する勿《なか》れだ。計画ズサンなりと云うな、相当の計画腹案はあったのだ。然しそれがいちいちあてはまらなくなってしまったり、予想外に適中したりするのだ。

第十三

又、一部の急進者がアセリすぎて失敗したのだ等云うな。決して然らず。機運の熟しない時は一部や半部の急進同志があせっても、決して発火するものではない。今回の決行は余や河野が強引にかけたのでもなく、栗原があせったわけでもない。同志の大部分が期せずして一致し、モウヨシ決行しようと云う気になったのだ。日本の二月革命は計画ズサンの為に破れたのではない。又急進一部同志があせり過ぎた為に破れたのでもない。兵力が少数なる為でもなく、弾丸が不足のためでもない。機運の熟成漸く蛤《はまぐり》御門《ごもん》〔の変〕の時機にしか達していないのに、鳥羽、伏見を企図したが、収穫は矢張り機の熟した程度にしか得られなかったと云う迄の事だ。同志よ、蛤御門なら長藩の損失になるのみだ。やらぬがいい等と云う様な愚論をするな。維新の長藩を以て自任する現代の我が革命党が、蛤御門も長州征伐も経過する事なく直ちに、鳥羽、伏見の成功をかち得ようとする事が、余りに虫のよすぎる注文であることを知って呉れよ。

二月二十六日午前四時、各隊は既に準備を完了した。出発せんとするもの、出発前の訓示をするもの、休憩をしているもの等、まちまちであるが、皆一様に落ちついた様の見えるのは事の成功を予告するかの如くであった。

豊橋部隊は板垣〔徹〕の反対に会って決行不可能となったが、湯河原部隊はすでに小田原附近迄は到着している筈である。各同志の連絡協同と、各部隊の統制ある行動に苦心した余は、午前四時頃の情況を見て、戦いは勝利だと確信した。衛門を出る迄に弾圧の手が下らねば、あとはやれると云うのが余の判断であったからだ。村中、香田、余等の参加する丹生部隊は、午前四時二十分出発して、栗原部隊の後尾より溜池を経て首相官邸の坂を上る。其の時俄然、官邸内に数発の銃声をきく。いよいよ始まった。秋季演習の聯隊対抗の第一遭遇戦のトッ始めの感じだ。勇躍する、歓喜する、感慨たとえんにものなしだ。(同志諸君、余の筆ではこの時の感じはとても表し得ない。とに角云うに云えぬ程面白い。一度やって見るといい。余はもう一度やりたい。あの快感は恐らく人生至上のものであろう。)

余が首相官邸の前正門を過ぎるときは早、官邸は完全に同志軍隊によって占領されていた。五時五、六分頃、陸相官邸に着く。(これから後の手記は成るべく詳細にして、後世発表の官報、官吏のインチキを叱正したいのだが、手記が余の行動を中心としたものたるをまぬかれ難いので、全同志の行動、並各方面の情況に対する全般的のものたる事を保し難い。又、遺憾なのは、余も村中も明日にも銃殺されるかも知れぬ身だから、記録が毎日、毎日、序論と本論と結論とをせねばならぬので、一貫した系統のあるものに成し難いことである。願くば革命同志諸君の理論と信念と情熱とに依って判読せられんことを)

香、村、二人して憲兵と接衝〈折衝〉している所へ、余は遅れて到着す。余と山本は部隊の後尾にいたのと、独逸《ドイツ》大使館前の三叉路で交番の巡査が電話をかけているのを見たので、威カクの為と、ピストルの試射とを兼ねて射撃をしたりしていたのでおくれたのだ。官邸内には既に兵が入っている。

香田、村中は国家の大事について、陸軍大臣に会見がしたいと云って、憲兵とおし問答している。余は香、村は面白い事を云う人達だ、えらいぞと思った。重大事は自分等が好んで起し、むしろ自分等の重大事であるかも知れないのに、国家の重大事と云う所が日本人らしくて健気だ、と思って苦笑した。

憲兵は、大臣に危害を加える様なら私達を殺してからにして下さいと云う。そんな事をするのではない、国家の重大事だ、早く会う様に云って来いと叱る。奥さんが出て来る、主人は風邪気だからと断る。風邪でも是非会いたい、時間をせん延〈遷延〉すると情況は益々悪化すると申し込む。風邪ならたくさん着物でも着て是非出て来て会って戴きたい、と懇願切《しき》りであるが、なかなからちがあかぬ。

第十四

余はこの間に、正門其の他の部隊配置を見て歩く。田中部隊の官邸到着が七、八分位い予定よりおくれた為に心配したが、田中は意気けんこうとして、「面白いぞ」と云いつつ余をさがして官邸に来る。余は田中のトラック一台を直ちに赤坂離宮前へ向わしめ、渡辺襲撃隊の為にそなえる。

時間はどんどん経過するに大臣はまだ会見しようとせぬ。

高橋是清襲撃の中島帰来し、完全に目的を達したと報ず。続いて首相官邸よりも岡田〈啓介〉をやったとの報、更に坂井部隊より麦屋〔清済〕が急ぎ来り、斎藤を見事にやったと告ぐ。快報しきりに至る時、歩哨が走って来て、憲兵が多数来て、無理矢理に歩哨線を通過しようとする由報告する。見ると、トラックに乗った二十名ばかりが既に来て居る。余は隊長（少佐）に会いて、しばらく後退して呉れと頼む。隊長はウンと云わなかったが、軍隊同士が打ち合〔ママ〕いを演ずる様な事の不可なるを説き、又、大臣に危害を加えざる旨を告げると、それなら憲兵も一所に警備させて呉れと云うので、余は何等差支えなし、勝手にするといいだろう、と云いて自由意志にまかせる。

安藤は部下中隊の先頭に立ちて颯爽として来る。ヤッタカ‼ と問えば、ヤッタ、ヤッタと答える。各方面すべて完全に目的を達した。天佑を喜ぶ。宮邸門前より邸内に入りて見れば、今し大臣は出て来る様子。小松秘書官が来た時、余、香、村、三人にて事情を話したる為、大臣も安心して会見することにしたらしい。

午前六時三十分をすぎて、大臣漸《ようや》く来る。余等は広間に於て会見する。香田が蹶起趣意書を読み上げ、現在の状況を図上説明し、更に大臣に対する要望事項を口述する。小松秘書官は側にて筆記。此の時渡辺襲撃部隊より、目的達成の報告あり。大臣に之を告げると「皇軍同士が打ち合ってはいかん」と云う。卒然栗原が来り色をなし、香田と口を揃え「渡辺大将は皇軍ではない‼」と鋭い応シュウをする。大臣少しくひるむ様子。

余は同志の国体信念にとうてつせる事をよろこんだ。渡辺を皇軍と混同して平然たる陸軍大臣に、厳然として其の非を叱りてゆずらざる同志の偉大なる事がうれしくてたまらなかったのだ。

大臣はウムとつまって、「皇軍ではないか」と言い、成程と云った態度。要望事項に対して大臣は、「この中に自分としてやれることもあればやれぬこともある。勅許を得なければならぬものは自分としては何とも云えぬ」旨を語る。

この頃山口大尉、小藤〔恵〕大佐、斎藤〔瀏《りゅう》〕少将等、相前後して来る。余等は大臣に対し、真崎、山下、古荘、今井、村上等の招集を願う。直ちに秘書官に依って電話で連絡がされる。更に、満井〔佐吉〕、鈴木〔貞一〕等の招致をする事となる。官邸正門より将校がたくさん這入って来て、静止〈制止〉し切れないとの報があったが、余は丹生に向い、成るべくテイ重に断り、省内に入れない様にしておいて呉れとたのむ。情況を見ようと思って玄関を出た所、山下少将の来るに会う。余は「ヤリマシタ、ドウカ善処して戴きたい」と言う。少将はウムとうなずき、「来る可きものが遂に来た」と云う様な態度で官邸内に入る。

第十五

官邸正門前に於て登庁の軍人を適当になだめて退却させていると、一少佐が憤然として、「余りひどいではないか、兵が吾々将校に対して銃剣をツキツケて誰何をする」と云う。余は、其の通りだ、すこぶるひどいのだ、軍隊はすでに何年か以前に自覚せる兵と下士によって将校を比定しようとしていたのだ、全将校が貴族化し、軍閥化したから、此処に新しい自覚運動が起った、それが上官の弾圧にあうたびに下へ下へとうつって、今や下士官兵の間にもえさかっているのだ、貴様等の様に、自分の立身成功の為には兵の苦労も、其の家庭の窮乏をも知らぬ顔の半兵衛でうなぎ上りをした奴にはわからぬのだ。兵に銃剣を突きつけられて恐しかったのだろう、正直に云え恐しかったのだろう、ドキンとしたのだろう、今に見ろ、平素威張り散らした貴様等がたたきのめされる日が来るぞ、と云ってやりたかったが我慢して、「アア左様ですか、仕方がないですね」と意味あり気に答えた。

実際、渡辺大将を襲撃して帰って来た安田、高橋〔太郎〕部隊の下士官、兵は、トラックの上で万歳を連呼して、昭和維新を祝福し、静止させる事の出来ぬ滔々の気勢を示していた。時の陸軍大将、教育総監を虐殺して欣喜乱舞する革命軍隊の意気の前に、陸軍省あたりの小役人、一少佐が何であるか。

歩哨の停止命令をきかずして一台の自動車がスベリ込んだ。余が近づいてみると真崎将軍だ。「閣下統帥権干犯の賊類を討つために蹶起しました、情況を御存知でありますか」という。「とうとうやったか、お前達の心はヨオッわかっとる、ヨオッーわかっとる」と答える。「どうか善処していただきたい」とつげる。大将はうなずきながら邸内に入る。門前の同志と共に事態の有利に進展せんことを祈る。この間にも丹生は、登庁の将校を退却させることに大いにつとめる。

余は邸内広間に入りて斎藤少将に、「問題は簡短です、我々のした事が義軍の行為であると云う事を認めさえすればいいのです、閣下からその事を大臣、次官に充分に申上げて下さい」と頼むと、「そうだ義軍だ、義軍の義挙だ、ヨシ俺がやる」と引受ける。

石原莞爾が広間の椅子にゴウ然〈傲然〉と坐している。栗原が前に行って「大佐殿の考えと私共の考えは根本的にちがう様に思うが、維新に対して如何なる考えをお持ちですか」とつめよれば、大佐は「僕はよくわからん、僕のは軍備を充実すれば昭和維新になると云うのだ」と答える。栗原は余等に向って「どうしましょうか」と云って、ピストルを握っている。余が黙っていたら何事をも起さず栗原は引きさがって来る。邸内、邸前、そこ、玆、誠に険悪な空気がみなぎっている。

斎藤少将が何か云ったら、石原が「云うことをきかねば軍旗をもって来て討つ」と放言する。少将は直ちに石原に向い、「何を云うか」と云う態度でオウシュウ〈応酬〉する。大臣と真崎将軍とは別室に入りて談話中。山口大尉は小藤、石原、斎藤少将等と何事かをしきりに談合中。

註、時間の関係が全然不明。二十五日夜より二十九日夕迄、食事をとること僅かに三度だ。呑気に食事なぞする余裕がない程に、事態が変転急転するので、時計を見るひま、その時間を記憶する余裕などとてもない。左様な次第ですから事実の前後関係については、多少の相違があるかもしれん。

第十六

午前九時過ぎ、田中勝が「片倉が来ています」と告げる。直《ただ》ちに正門に出て見たが、どれが片倉か不明だ。約十四、五名の軍人が丹生其の他の同志と押問答をして、なかなかラチがあきそうにないのを実見して、広間に引きかえす。余は登庁の幕僚との間に、斬り合い、射ち合いが起ると、折角真崎、川島、山下、斎藤等の将軍が好意的援助をしそうにみえるのに、流血の一事によって却って同情を失い、余等の立場が不利になりはしないかと云うことを、ヒョット考えついた為に、片倉をヤル事をチュウチョせねばならなかった。然し、門前に於ける同志と幕僚との接捗〈折衝〉が極めて面倒になって来た事を考えたので、二たび室外に出て片倉を見定める事にした。

幕僚の一群はその時、ガヤガヤと不平を鳴らしつつ門内に入り来って、丹生の静止をきこうとしない。此処で余は一人位い殺さねば、幕僚どもの始末がつかぬと思い、片倉を確認した。その頃、広間では、陸軍省の者は偕行社、参謀本部は軍人会館に集合との命令を議案中であったので、成るべくなら早く命令を下達してもらって、血の惨劇をさけようと考えたので、又、広間に引きかえした。丁度、集合位置に関する命令案が出来て下達しようとする所であった。その時丹生が来て、とても静止する事が出来ません、射ちますよと、云う。余が石原、山下、その他の同志と共に玄関に出た時には、幕僚はドヤドヤと玄関に押しかけて不平をならしている。山下少将が命令を下し、石原が何か一言云った様だった。成るべく惨劇を演じたくないというチュウチョする気持があった時、命令が下達されたので、余はホットして軽い安心をおぼえた。

時に突然、片倉が石原に向って、「課長殿、話があります」と云って詰問するかの如き態度を表したので、「エイッ此の野郎、ウルサイ奴だ、まだグズグズと文句を云うか！」と云う気になって、イキナリ、ピストルを握って彼の右セツジュ部に銃口をアテテ射撃した。彼が四、五歩転身するのと、余が軍刀を抜くのと同時だった。余は刀を右手にさげて、残心の型で彼の斃《たお》れるのを待った。血が顔面にたれて、悪魔相の彼が「射たんでもわかる」と云いながら、傍らの大尉に支えられている。やがて彼は大尉に附添われて、ヤルナラ天皇陛下の命令でヤレ、と怒号しつつ去った。滴血雪を染めて点々。玄関に居た多数の軍人が、この一撃によってスッカリおじけついたのか、今迄の鼻意気はどこへやら消えてかげだにない。一中佐は余に握手を求めて、「俺は菅波中佐だ、君等は其れ程に思っているのか、もうわかった、俺等もやる」と非常なる好意を示した。余は「私は粛軍の意見書を出して免官になった磯部です、貴下の令弟三郎大尉にはクントウを受けました、国家の為によろしく御尽力下さい」と懇願した。何だかハリツメた気がユルンダ様だった。栗橋主計正に会ったので、「菅野主計正によろしく伝言をしてたのみます、片倉を殺しましたと云う事を一言お伝え下されば結構です」と云ったら、主計正は「死なないだろう」と云う。余はハットした。しまったと思った。頭に銃口をつけて射った程だからきっと斃れる、三十分とはもてまい位いに考えて、致命傷だと信じ切っていた時、「死なないだろう」の一言は、冷水を背に浴びる程の思いがした。この一言をきいてイライラして立っても居ても居れぬショウソウを感じた。

二十五日、午后西田氏と訣別するとき、「失敗しましたらコレをやって、他の人に迷惑をかけない様にする」と云って、自分の頭部を射撃する真似をした程で、頭部を射てば一発で死ねるものだと信じ切っていたので、片倉が「射たんでもわかる」「天皇陛下の命令でヤレ」等と云って、死なないで去って行くのを目げきしながら、微塵の疑問を起さなかったのだ。はずかしながら自分でもわけがわからぬ、格別あわてたとも思わないのだが。

第十七

片倉射撃の状況が新聞に報道されたのによると、「犯人が射撃した時、馬鹿と大声で叱ったら腰をぬかしてピストルを落した」と片倉の家族が談話しているとの事だが、腰をぬかしたのは断じて余に非ず。余の腰はピンと張っていて、軍刀を右手にヒッサゲ、左足を一歩前に踏み出して次の斬撃を準備し、一分のスキも見せなかったことはたしかだ。ピストルを落したのは事実だ。それは余が右手で射撃したら片倉がパット四、五歩避けたので、間髪を入れず軍刀を抜いた。その時ピストルをサックに入れる余裕をもたなかった。ピストルを棄てるのと抜刀するのと同時だったのだ。この間の動作は無意識だから、今になってなぜピストルを棄てたかとか、なぜ軍刀を扱いたかとか問われても、理由は全くわからん。予審中理由をきかれてこまった。唯ハッキリしている事は、一発射撃すれば充分死ぬと信じ切っていたので、射撃後は単に軍刀で残心を示した程度で、殺意が猛烈でなかったことだけは明言出来る。（同志諸兄、殺人が悪にしろ、善にしろ一刀両断、唯一刀にして人を殺して、またたきもせぬ程の人間は余程の人物だ。死屍を自ら点検し、トドメを刺す程の落着いた動作は、修養をつんでおかぬと、とても出来そうにもないことを実感した。林、安田、安藤等多くの同志が、皆斬殺時、殺した直後ホットした気のゆるみを感じたと云っている。余もはずかしながら一刀両断してまたたき一つせぬ程の徹底悟入した境地には、余程遠いことを自白する）

片倉は射撃された時、「馬鹿ッ」と云って大声で叱りはしなかった。「射たんでもわかる」と云った。その語気は弱々しいもので、極端に云うと、泣き声の様であった事を附け加えておく。片倉ばかりではない、そこにいた軍人が等しく泣きたい様な感じをもった事は、誰も云いのがれは出来まい。丹生、竹島、両人は余の手をとって涙を出していた。

午前十時頃か、陸軍大臣参内、続いて真崎将軍も出て行ってしまった。官邸には次官が残る。満井中佐、鈴木大佐等来邸する。

午後二時頃か、山下少将が宮中より退下し来り、集合を求める。香、村、対馬、余、野中の五人が次官、鈴木大佐、西村大佐、満井中佐、山口大尉等立会いの下に、山下少将より大臣告示の朗読呈示を受ける。

「諸子の至情は国体の真姿顕現に基くものと認む。この事は上聞に達しあり。国体の真姿顕現については、各軍事参議官も恐懼に堪えざるものがある。各閣僚も一層ヒキュウ〈匪躬〉の誠を至す。これ以上は一つに大御心に待つべきである」

大体に於て以上の主旨である。

対馬は、吾々の行動を認めるのですか、否やと突込む。余は吾々の行動が義軍の義挙であると云うことを認めるのですか、否やと詰問する。山下少将は口答の確答をさけて、質問に対し三度告示を朗読して答えに代える。次官外立会の諸官は大いにシュウビ〈愁眉〉を開きたる様子がみえる。次官は欣然とした態度になって参内し、陸軍大臣と連絡し、吾等行動部隊を現地に止める様尽力する旨を示す。西村大佐は香椎中将に連絡し、同様の処置をなすべく官邸を出る。

将に日は暮れんとする。雪は頻《しき》り。兵士の休養を考えたのだが、軍首脳部の態度の不明なる限り警戒をとくわけにもゆかぬ。

参謀本部の土井騎兵少佐が来て、「君等がやったからには吾々もやるんだ、皇族内閣位いつくって政治も経済も改革して、軍備充実をせねばならん、どうだ吾々と一緒にやろう、君等は荒木とか真崎とか年よりとばかりやっても駄目だ、あんなのは皆ヤメサシてしまわねばいかん」等と、とんでもない駄ボラの様な話をし出した。余は此のキザな短才軍人に怒りをおぼえたので、維新は軍の粛正から始まるべきだ（幕僚の粛正）、これを如何に考えておらるるのか、と突込む。返答に窮したる情態。時に村中が、「オイ磯部、そんな軍人がファッショだ、そ奴から先にやっつけねばならぬぞ、放っておけ、こちらへ来い」と呼ぶ。

第十八

真《ま》〈馬〉奈木《なき》〔敬信《たかのぶ》〕中佐が吾々の集っている広間へ来て、「吾々もやる、君等は一体如何なる考えを持っているか」と問う。維新内閣の出現を希望すると答える。中佐は参謀本部では皇族内閣説があるが、君等は如何に考えるかと言う。余が皇族内閣の断じて可ならざるを力説すると、氏も同意する。この時満井中佐がドアの所より磯部一寸《ちよつと》来いと呼ぶ。

中佐はイキナリ「真奈木からきいたか」と。「ハア、皇族内閣ですか、石原案ですか、ソレナラ断じて許しませんよ」と答える。中佐も同感なる旨を告げる。「コノママブラブラしているといけない、宮中へ行こう、参議官に直接会って話してみよう」と云う意見を中佐が出す。村中、香田、余の三名は山下少将について、満井、真奈木両氏と共に参内せんとして自動車を準備する。出発せんとした時、山下は「官邸にて待て、俺が参議官を同行する」と云いたるも、余はどんな事があるかもしれんから、兎《と》に角《かく》宮中に行こうと主張して少将の車を追う。日比谷、大手町あたり市中の雑踏は物すごい。御成門〔坂下門〕に到り少将は参入を許されたるも、満井、真奈木中佐、余等共に許されぬ。止むなく官邸に帰り参議官の到来を待つ。

午後十時頃、各参議官来邸、余等と会見することとなる。(香、村、余、対馬、栗原の六〔ママ〕名と満井、山下、小藤、山口、鈴木)。香田より蹶起主旨と大臣に対する要望事項の意見開陳を説明する。荒木が第一番に口を割って、「大権を私議する様な事を君等が云うならば、吾輩は断然意見を異にする、御上がどれだけ、御シン念になっているか考えてみよ」と、頭から陛下をカブって大上段で打ち下す様な態度をとった。

これが、二月事件に於ける維新派の敗退の重大な原因になったのだ。余はこの時非常にシャクにさわった。「何が大権私議だ、この国家重大の時局に、国家の為に此の人の出馬を希望すると言う赤誠国民の希望が、なぜ大権私議か。君国の為真人物を推す事は赤子の道ではないか。特に皇族内閣説が幕僚間にダイ頭して策動頻りであるとき、若《も》し一歩を過らば、国体をきずつける大問題が生ずる瀬戸際ではないか」と言う意味の云を以て、カンタンに荒木にオウシュウする。村中は皇族内閣説の不可なる理由を理路整然と説く。これには大将連も一言もなかった。スッカリ吾人の国体信念にまいった様子がみえて駄弁な荒木も遂に黙する。植田がコビル様な顔つきで村中に何か話している。林は青ざめた顔をして下をウツムイて頭を揚げ切らぬ。カスカにふるえている様にも見えた。阿部も真崎も西〔義一《よしかず》〕も何も云わぬ。寺内がどうすればいいのだと云う。

此の会見が全くウヤムヤに終り、吾等も大した具体的な意見は出し得ず、彼等も何等良好な解決策をもたず、単なる顔合せになってしまったのは、ヘキ頭の荒木の一言が非常に有害であったのだ。和やかに青年将校の意見を聞き、御互いに腹蔵なく語り合ったらよかったのだが、陛下、陛下でおさえられて、お互いに口がきけなくなったのだ。山下、満井、鈴木の諸氏の中、誰か一人縦横の奇策を以てこの会見を維新的有利に導くことが出来たら、天下の事、此の一夜に於て定まっていたのだ。

余は「軍は自体の粛正をすると共に維新に進入するを要する」との旨を紙片に記し、各官に示したるに、寺内は之を手帳に記入した。（皮肉なる故、余の此の意見によって、今や寺内が吾が同志を弾圧しているのだ、余の軍粛正は維新的粛軍であったが、寺内は維新派弾圧の佐幕的粛軍をやっている）

会見に於て具体的な何物をも収カク出来なかったが、各官が吾々を頭から弾圧すると言う態度はなくて、ムシロ子供がえらい事を仕出かしたが、まあ真意はいいのだから何とか処置してやらずばなるまいと云う風な、好意的な様子を看取する事が出来たのは、いささかの安心であった。

深更、二十七日午前、戦時警備令が下令され、吾が部隊がこの中に編入された事を知る。払暁戒厳令の宣布をきき、我が部隊が令下に入りたるを確知し、余は万歳を唱えた。

この頃、帝国ホテルにて満井、亀川〔哲也〕等と会いたる村中帰来し、「同志部隊を歩一に引揚げよう。皇軍相撃は何と云っても出来ぬ」と云いて同志にはかる。余は激語して断然反対する。「皇軍相撃が何だ、相撃はむしろ革命の原則ではないか、若し同志が引きあげるならば、余は一人にても止りて死戦する」の旨を主張した。

若し情況悪化せば、余は田中隊と、栗原部隊を以て出撃し、策動の本拠と目さるる戒厳司令部をテン覆する覚悟を以て陸相官邸を去り、首相官邸に陣取る。

第十九

㈠午前八、九時であったか、西田氏より電話があったので、余は簡単に「退去すると云う話しを村中がしたが、断然反対した、小生のみは断じて退かない、もし軍部が弾圧する様な態度を示した時は、策動の中心人物を斬り、戒厳司令部を占領する決心だ」と告げる。氏は「僕は亀川が退去案をもって来たから叱っておいたよ」という。更に今御経が出たから読むと云って、「国家人なし、勇将真崎あり、国家正義軍のために号令し、正義軍速かに一任せよ」と霊示を告げる。余は驚いた。「御経に国家正義軍と出たですか、不思議ですね、私共は昨日来、尊皇義軍と云っています」と云い、神威の厳粛なるに驚き、且つ快哉を叫んだ。

丁度《ちょうど》その時、村中が香田と共に首相官邸に来たので、このことを告げ真崎に依頼しようと云うことを相談し、各参議官の集合を求める事にした。且一方、部隊を一《ひ》と先《まず》、議事堂に集結することに決す。

㈡この日の首相官邸は、激励の訪客が引っきりなくあった為に、極めて多忙であった。右翼団体の幹部とか、陸海軍の予備役将官等が電話で激励をして呉れたり、青年団体、日蓮宗の宗団が邸前へ来て、ラッパや太鼓をならして万歳を唱えたりした。この日、午前中に陸相官邸その他永田町台上一帯の警戒を寛にして、出入の自由を許した為、見物人が続々と這入って来て、賑かな騒ぎを生じていた。行動隊は戒厳命令によって、台上一帯の警備を命ぜられ、且つ印刷の大臣告示に依ると、「諸子の行動は国体の真姿顕現の為であると認める、この事は上聞に達してある、云々」と明記されて行動を認められているのだ。戒厳命令は第一師戒命として、「二十六日以来行動せる将校以下を、小藤大佐の指揮に属し、永田町……の間の警備を命ず」と云うものである。余等はこの事を知って百万の力を得た。然し、何だか変な空気がどこともなくただよっているらしい事には、しきりに吾が隊の撤退を勧告する事だ。満井中佐や山下少将、鈴木〔貞一〕大佐迄が、撤退をすすめるのである。

満井中佐は、維新大詔渙発と同時に大赦令が下る様になるだろうから一応退れと云うし、鈴木大佐又、一応退らねばいけないではないか、と云う意向を示す。余は不審にたえないので、陸相官邸に於て鈴木大佐に対し、「一体吾々の行動を認めたのですか、どうですか」と問う。大佐は、「それは明瞭ではないか、戒厳令下の軍隊に入ったと云うだけで明かだ」と答える。行動を認めて戒厳軍隊に編入する位であるのに、一応退去せよと云う理窟がわからなくなる。か様な次第で、不審な点も多少あったが、概して戦勝気分になって、退去勧告などは受けつけようとしなかった。

午後二時頃になったかと思う。真崎外の参議官と会見する事となり、全将校同志が陸相官邸に集合する。真崎、阿部、西（荒木、植田、寺内、林は不参）の三将軍と山口、鈴木、山下、小藤の諸官が立ち会った。野中大尉が「事態の収拾を真崎将軍に御願い申します、この事は全軍事参議官と全青年将校との一致の意見として御上奏をお願い申したい」と申込む。真崎は「君等が左様《そう》云ってくれることは誠にうれしいが、今は君等が聯隊長の云うことをきかねば、何の処置も出来ない」と答え、部隊の退去をほのめかす風さえ察せられる。どうもお互いのピントと合わぬので、もどかしい思いのままに無意義に近い会見をおわる。阿部、西両大将が真崎をたすけて善処すると言うことだけは、ハッキリした返事をきいた。

註、同志中に大政略家がいたら、極めて巧妙なカケヒキ（或いは極めて簡短なる一石を以てかもしれぬ）を以て、全軍事参議官と青年将校との意見一致として、事態収拾案の大綱を定めて、上奏御裁下をあおぐ事は易々たる事であったと思う。今の小生にはそれが出来るが、当時の同志には誰にもそれ程の手腕がなかった。この会見は極めて重大な意義をもっていたのに、全くとりとめのないものに終った事は、維新派敗退の大きな原因になった。吾人はシッカリと正義派参議官に喰いついて幕僚を折伏し、重臣、元老に対抗して、戦況の発展を策すべきであった。真崎、阿部、西、川島、荒木にダニの如くに喰いついて、恐迫、煽動、如何なる手段をとってもいいから、之と離れねばよかったのだ。

第二十

廿七日は時々、軽微な撤退勧告があったが、午後になって宿営命令が発せられたので、スッカリ安心してしまった。

註、本日朝来、余が面会した人は、田中国重大将、江藤源九郎少将、斎藤少将、日高海軍少佐（軍令部）、某海軍中佐、榊原主計大尉（参謀本部）、陸軍大学兵学教官、某砲兵中佐等であった。その他相当多数の人に会ったが、氏名は不明又は忘却して今はわからぬ。今になって反省してみるに、革命暴動の指導的立場にあるものが、種々雑多な面会者に会見する事は避くべきである。常に革命党の対照的位置にある当局者、責任者をねらって、之と交渉を断たぬ様にせねばならぬ。特に反対派の中心人物の動きには一瞬も目をはなしてはならぬ。反対的中心点は見つけ次第にテンプク討滅せねばならぬ。涙は禁物である。如何におどかされても、すかされても、哀願されても、だまされてはならぬ。冷厳一貫の信念に立って進まねばならぬ。

夜に入り、各部隊は宿舎につく、野中部隊、鉄道大臣官邸。鈴木部隊、文部〔大臣官邸〕。

清原部隊、大蔵〔大臣官邸〕。栗原、中橋部隊、首相官邸。田中部隊、農林〔大臣官邸〕。丹生部隊、山王ホテル。安藤部隊、幸楽《こうらく》。而して支隊本部は鉄道大臣官邸に位置する。余は田中勝と共に農林官邸に入りて休む。

午後十一時頃、首相官邸を本夜夜襲して武装解除をすると云う風説ありとの通報を受ける。余はこの風説は単なる風説ではないと感じたので、或は吾々の方より偕行社、又は軍人会館を襲撃して、反対勢力を撃破せねばならぬのではないかと考え、栗原に出撃の時機方法を考究しようとの旨を連絡した所、林八郎がやって来て「吾々は戒隊《ママ》令下にあるから戒厳軍隊を攻撃すると云う様なことはあるまい」と云いて、出撃問題は立ち消えとなる。

（当夜は、各隊ともに安心して休宿した事を後になって知った。）

二十八日朝、山本又が神谷憲兵少佐を伴いて来る。三、四雑談を交したる後、少佐は戒厳司令部に至り、君の意見を司令官に話したらどうだと云う。余は本早朝来の二、三の情報（清浦が二十六日参内せんとしたるも、湯浅、一木に阻止されたること。晩夜半寺内、植田〔謙吉〕、林三大将が、香椎〔浩平〕司令官を訪ねたる結果、軍首脳部は行動部隊を弾圧することに意見決定せりとのこと／註、清浦参内案は森氏の平素の案であって、真崎スイセンがこのグループの方針であった。この事に関し、余と森氏の間に相当に具体的談合は交されていた事を付記しておく）より推察して、情況は一夜の内に逆転して維新軍に不利になっていることを考えたので、少佐の勧めに従い、司令官に面接して赤心を吐露してみようと決心した。

自動車にて市中の雑とうを縫いて司令部に至れば、実に物々しき警戒だ。とても吾々の意見を受け容れて呉れそうな空気はない。余はそこで、コレハ非常の手段をとらねばならぬかもしれぬ。司令官と差しちがえる腹で事にあたろうと決意して、神谷少佐にアッセンを依頼し、副官に取次ぎをたのみたるも、言を左右にして面会をさせぬ。一時間以上も待ちぼうけをくわされた後に、少佐は余のピストル、短刀をあずかるという。余は「コノママ検ソクされるのではないか」と語をあらためて尋ねたが、ちかって左様な事はせぬと云うので、二品を渡す。

暫くして神谷少佐は、「司令官は唯今陸軍大臣と会談中だから面会出来ぬそうだ」と告げる。余は大臣同席の場で面会をさして呉れと云うたが、きき容れるどころではない。この時、この重大時機に第一に会見意見を求むべき余等を無視するの態度が、グッと胸にこたえたので、今にみろと言う反撥心が湧沸する。

突然石原大佐が這入って来て側に座し、「君等は奉勅命令が下ったらどうするか」と問う。「ハアイイデスネ」と答える。「イイデスネではわからん、キクカ、キカヌかだ」と云う。「ソレハ問題ではないではありませんか」と答える。一向に要領を得ぬ。余は大佐に、行動部隊を現地におく様司令官に意見を具申して呉れとたのむ。大佐は去る。満井中佐が来る。「中佐殿、貴下方は私共を退かす事にばかり奔走して居られるが、それは間違いではないか、吾々があの台上に厳乎として存在して居ればこそ、機関説信奉者が頭をもたげないのです。一歩でも引けば反対勢力がドットばかりに押しよせるのではないですか、何とかして現地において下さい」と非痛〈悲痛〉な声をしぼる。実際、余はこの時程痛切な思いをした事はない。満井中佐程の人物ですら、この理窟とこの哀願がわかって呉れぬのだ。

第二十一

満井中佐は、司令官にも一度自己の意見を具申すると云いて去る。再び石原大佐が入り来り、「司令官に強硬なる意見具申をしたるも、きかれず、司令官は奉勅命令は実施せぬわけにはゆかぬ。御上をあざむく事は出来ぬと云い、断乎たる決心だ。どうだ、君等は引いてくれぬか、この上は男と男の腹ではないか」と云う。満井中佐再び来り、落涙しつつ余の手を取り、引いてくれという。石原大佐亦握手をして、引いてくれと落涙する。

余は少しく感動したるも、引く事は全維新派の敗北になると信じていたから、両氏の切願に対して快諾を与える事が出来なかった。「同志の軍隊は、私が総指揮官であるわけではないから、私が引けというわけにもゆかぬし、云ってもとても引きはしますまい、然し私は、私の力だけで出来る丈《だけ》善処しましょう。唯磯部個人としては絶対に引きません、林大将等の如きが現存して策動している以上、これをたおさずに引きさがる様な事があっては、蹶起の主旨にもとるのです、一人になってもやります、絶対に引きません」と明答する。石原、満井交々「林大将の問題はおそからず解決されるのだから引いてくれ」と云いて、声涙共に下る。余は力なくハイと答えて訣別をする。すべての希望を断離されたる無念さ、云わんかたなし。

自動車にて陸軍省への帰途、車中、柴大尉は戦車、軍隊、ロクサイ〈鹿砦〉等による包囲陣を指しながら、「磯部、これではとても頑張ってみた所で駄目だ、引かないか」と勧める。余は無言。この時烈々の叛意が全身に沸き立つ。陸軍大臣官邸に同志をさがして一室に突入するや、「オイッ、一体どうすると云うのだ。今引いたら大変になるぞ、絶対に引けないぞ」と大声一番する。

此の席に山下、鈴木、山口の諸子と村、香、栗等が居て、既に退去することに決定している模様である。余は一応理由を云いて、決戦的態度で飽く迄頑張るべきことを主張した。この為にもう一度よくよく相談しようと云う事になり、山下、鈴木の両氏去り、山口氏を交え五人にて相談す。

栗原が「統帥系統を通じてもう一度御上に御伺い申上げようではないか。奉勅命令が出るとか出ないとか云うが、一向にわけがわからん、御伺い申上げた上で我々の進退を決しよう。若し死を賜ると云うことにでもなれば、将校だけは自決しよう。自決する時には勅使の御差遣位いをあおぐ様にでもなれば幸せではないか」との意見を出す。余が一寸理解し兼ねて質問を発しようとした時、山口氏が突然大声をあげて泣きつつ、「栗原、貴様はえらい」と云いて栗原のかたわらに至り、相擁す。栗原も泣く、香田も泣く。統帥系統を通じて（小藤—堀—香椎）御上に吾人の真精神を奏上し、御伺いをすると云う方針は、此の際極めて当を得たるものなることを感じたので、余は「ヨカロウ、それで進もう」と云う。

ここにおいて山下、鈴木両氏に栗原の意見を開陳せる所、両氏も亦《また》落涙して、有難う有難うと云いつつ吾等に握手をする。この時、堀、小藤来り、奉勅命令は近く下る情況にあるのだから引いて呉れ、と涙にて勧告する。

時に余が、ヒョイト考えたことは、どうも山口、山下、鈴木は、吾々の自決する覚悟に対して感泣したらしいので、山口氏に対し「上奏文に何と書くのです、死を賜りたい等と書いたりしたら大変ですよ」と云う。山口氏は一寸考えていたが吾々は陛下の御命令に服従しますと書いた。どうも余の考えと少しく相違する。その頃同志はボツボツ官邸に集合して来る。村中は同志集合の席で、「自決せねばならなくなるかもしれん、自決しよう」と云う。余は「俺はイヤダ」と吐き棄てる様に答える。そして香田、村中、栗原を各個に小室に伴いて、「一体、ほんとに自決するのか、そんな馬鹿な話はないではないか、俺が栗原の意見にサンセイしたのは、自決すると云う所ではない、統帥系統を通じて御上に吾人の真精神を申上ぐべく御伺いすると云う所だ。山下、鈴木、山口共に感ちがいをしているのではないか」と云いて、自決の理由なきを説く。

註①二十八日午前、余が戒厳司令部に行きたる間に村中、香田、対馬等は第一師団司令部に堀〔丈夫〕中将を訪い、奉勅命令は出たか、否かをただした所、奉勅命令は下達されていないと云う事を明言した事実がある。村、香は、此の後陸軍省にて余と行き合い、前記の始末になった。二十八日午前八時勅命実施というのが延期されたので、堀は下達されていないと答えた所が、午前十時から実施すると云うことが確定したので、山下、鈴木、満井等が、退去を勧告したのだ。吾々は其の裏の事情を少しも知らぬ、唯何だか奉勅命令でオドカサレている様にばかり考えた。堀は十時より勅命実施の事を知って驚いて陸軍省に来り、退去を勧告したわけだ。

②鈴木、山下、堀、小藤各官が交々退去を勧告するので、止むなく退去、或いは自決を覚悟する。余は吾々をこの羽目におし落した不純幕僚に対し、冲天の怒りをおぼえた。悲憤の余り、別室に入りて天地も裂けよと号泣する。

第二十二

全同志を陸相官邸に集合させようとして連絡をとったが、なかなか集合しない。安藤、坂井は強硬論をとって動じない。村中は安藤に連絡のため幸楽に走る。暫くすると村中が飛び込んで来て、「オイ磯部やろうかッ、安藤は引かぬと云う、幸楽附近は今にも攻撃を受けそうな情況だ」と斬込む様な口調で云う。余は唯一語、「ヤロウッ」と答え、走って官邸を出る。（註、陸相官邸で自決論が起きたのを耳にした清原〔康平〕が、アワテテ安藤に之を連絡した所が、安藤は非常に憤ったのだ。今更自決なんて言う理屈はない。一体首脳部（同志の）は何をしているのだ、と云う感じを持った。そこへ村中が連絡に行ったわけだ。余は奉勅命令を下達もしない前から既に攻撃の態勢をとっていることに関し、非常な憤激をおぼえ、断乎決戦する覚悟をした）

時は既に午後二時頃、死戦の覚悟を定めて、田中部隊と栗原部隊の一小隊を以て、閑院宮邸附近に位置す。夜に入り常盤、鈴木両部隊行動を共にす。坂井及び清原部隊が陸軍省、参謀本部附近の地区、余が官邸附近。栗原、中橋、首相官邸。安藤、丹生、山王ホテル幸楽附近。野中部隊は予備隊として新議事堂に、各位置する。

夕刻来、台上一帯の住民は立退きを始める。赤坂見附、半蔵門、警視庁等各方面戦車の轟音頻《しき》り、交通、通信（電話）を断たれ、外部との連絡不可能となる。兵士の給養をせねばならぬのだが、如何ともする術がない。止むを得ず自動車でパン、菓子等を徴発し、清酒一樽を求めてうえをしのぐ程度の処置をする。夜、近歩四、山下大尉が訪ねて来たので情況をきくと、奉勅命令も攻撃命令も出ておらぬと云う。何が何だか、サッパリわけがわからなくなる。しかも包囲各部隊の将校は射ち合いする事は嫌だと云っていて、むしろ同志将校に同情する態度であるとの由。

　註、此の日は、各部隊共ヒンパンに撤退勧告を受けた。安藤の所へは村上啓作大佐が維新大詔の草案をもって来て後退をすすめ、聯隊長も亦奉勅命令を持参して後退をすすめ、第一師団参謀、桜井少佐も来たらしい。但し聯隊長持参のものはインチキなものである事が公判廷でわかった。桜井少佐のは本物であったらしいが、激こうせる兵等に阻止されて、安藤と会う事が出来なかった。

山王ホテル、首相官邸、幸楽からは万歳の叫喚と軍歌の怒濤が全都をゆるがす如く、引きりなく起る。赤坂の所々には街頭演説が始り、山なす群衆に向って蹶起の主意、維新の要を絶叫する。群衆は激励の辞を浴せかける。市中各所に暴動が起るとの風説頻々、菅波、大岸大尉上京すとの報、歩三の残留部隊が義軍に投じたりとの報、同志の志気は益々高まる。

註一、野中大尉のもとへ歩三の某大尉が来て、チチブの宮殿下の御言葉として、青年将校は最後をキレイにせねばならん、蹶起部隊に部外者が参加せることは遺憾だ等、数ケ条のことを伝えたのは夜（二十八日）の出来事であった。
二、安藤の所へは歩三出身の某将校が来て「今、歩三で会議があって、安藤はチチブの宮殿下の御言葉もキカナイから殺そう、然し他の将校団のものに殺させてはならぬから、歩三の将校で殺すことにしようと云う事がきまった」と伝えて呉れる。
三、安藤、栗原部隊の下士、兵の志気はスバラシイ。一歩も引きません。吾等に刃向うものは大将でも中将でも容赦しません、昭和維新万歳、尊皇討奸万歳等々と口々に絶叫してアタルベカラザルモノデアル。

第二十三

廿九日午前三、四時頃、鈴木少尉が奉勅命令が下ったらしいと伝える。室外に出てラジオを聞く。明瞭に聴きとる事が出来ぬ。この頃斥候らしい者が出没するとの報告を受けたが、攻撃を受け、戦闘になりはしないだろうとたかをくくる。理由は余の正面は、近四、山下大尉だ。大尉は昨夜来訪し、決して射撃はしない、皇軍同志が射ち合いすることは如何に上官から命令があっても出来ない、との旨を述べて去った。余と山下大尉とは近四時代親しくしていたから、誠実一徹の大尉の人格を熟知し、その言を信じていたのだ。

　夜の明け放たれんとする頃、いよいよ奉勅命令が下って攻撃をするらしいとの報告を下士、兵から受ける。各所、戦車の轟音猛烈、下士官、兵の間に甚だしく動揺の色がある。

（註、昨日来の、所謂奉勅命令が未だ下達もされず、如何なる内容かわからぬので、余は奉勅命令によって、吾々を攻撃すると云うのが真実なら、その奉勅命令は賊徒討伐の勅命である筈だ。所が吾々は、天皇陛下宣告の戒厳軍隊に編入されているのだから、決して賊徒ではない。大臣告示では行動を認めると云っておるし、上聞にも達している。色々と考えてみたが、どうも腑に落ちないから、一応同志と連絡してみようと考えた）

　首相官邸に至り、栗原に情況を尋ねる。彼は余の発言に先だって、「奉勅命令が下った様ですね、どうしたらいいでしょうかね。下士官兵は一緒に死ぬとは云っているのですが、可愛相でしてね。どうせこんなに十重、二十重に包囲されてしまっては、戦をした所で勝ち目はないでしょう。下士官兵以下を帰隊さしてはどうでしょう。そしたら吾々が死んでも、残された下士官兵によって、第二革命が出来るのではないでしょうか。それに実を云うと、中橋部隊の兵が逃げて帰ってしまったのです。この上、他の部隊からも逃走するものが出来《〔ママ〕》たら、それこそ革命党の恥辱ですよ」と沈痛に語る。余は平素、栗原等の実力（歩一、歩三、近三部隊の実力）を信じていた。然るにその実力部隊の中心人物が、情況止むなく戦闘を断念すると云うのだから、今更余の如き部隊を有せざるものが、無闇矢鱈《やたら》に強硬意見を持してみた所で致し方がないと考えた。栗原は第一線部隊将校の意見をまとめに行く。余は一人になって考えたが、どうしても降伏する気になれぬので、部隊将校が勇を振って一戦する決心をとって呉れることを念願した。その頃、飛行機が宣伝ビラを撒布して飛び去る。下士官兵にそれが拾い取られて、手より手に、口より耳に伝えられて、忽《たちま》ちあたりのフン意気を悪化してゆく。「下士官兵に告ぐ、御前等の父兄は泣いている、今帰れば許される、帰らぬと国賊になるぞ」と云った宣伝だ。余は「もうこれで駄目かな」と直感したが、もう一度部隊の勇を鼓舞してみようと考え、文相官邸に引返す。嗚呼、何たる痛恨事ぞ、官邸前には既に戦車が進入し、敵の将兵が来ている。しかも我が部隊は戦意なく、唯ボウ然として居るではないか。

註、余が栗原と連絡中に、歩三の大隊長が、常盤、鈴木少尉及び下士官兵を説得に来た。この説得使と前後して戦車が進入する、だからまるで戦争にはならぬのだ。何と云っても自己の聯隊の大隊長だ、その大隊長が常盤、鈴木少尉、下士官兵に十二分の同情を表しつつ説得するのだ。斬り合い、射ち合いが始まる道理がない。陸軍省附近に居た清原（歩三）少尉は奉勅命令と聞くや、直《ただ》ちに中隊をヒキアゲて帰隊してしまった。（後にわかった。）

独逸大使館前に到れば、坂井中尉が憤然として「何も云って下さるな、私は下士兵を帰します」と語り、歩三の大隊長や荒井中尉と感激の握手をしている。

註、蹶起以来、四日四晩頑張りつづけたのに、最後に気が弱くなった事は残念である。決戦して斃れるか、敵をたおすかと云う所迄やるべきであったとも考えられる。然し大勢は如何ともすることが出来ない。二月二十七日払暁、既に撤退しようと云う意見が同志の過半数を占めるかの情況に立到ったので、余は断乎反対して之を引止めた。翌二十八日の午後は前日にもまして自決論が起ったが、余はかろうじて之を阻止し、再び維新戦線に立たしめたのであった。二十九日に至るや、全同志将兵以下は宣伝、脅威、説得、あらゆる手段を以てするシツヨウな敵の降伏勧告と、給養の不充分と、編成の不完全と、その他幾多の不利なる条件の為につかれ果て、遂に闘志を失ってしまったのだ。冥々（ママ）の絶大な力の為に、最後の一戦を制チュウされたと云うことが一番当っている。

死刑になる位いなら一《いっ》その事、全同志が一戦して戦死する所迄、意地を立て通したらよかったと云う意見を屢々同志の間に聞いた。けれども少くとも二十九日にはそれは出来なかった。今考えてみると、あの情況でよく四日四晩頑張り通したものだと云う感じの方が強い。そしてあれ以上にやる事は、却って次の時代の為に悪いのではなかったか。即ち全国同志をムリヤリに事件の渦中に引ずり込んでしまって、より多くの死刑者、処刑者を出して、革（ママ）党の全生命を断たれてしまう結果になるのだと云う感じも起ってくる。

親愛なる、而して尊敬すべき同志諸君、吾等のすべての過失を寛恕して下さい。而して吾等の一貫の誠意を信じて下さい、順にせよ、逆にせよ（奉勅命令に抗したにせよ、せざるにせよ）吾等は只管《ひたすら》に尊皇奸を討つべく義戦を闘ったのです。維新の為、全同志がよかれよかれと思って力一杯にやったのです。全智全能をつくして、やっとあれ丈出来ました。

第二十四

大廈《たいか》の倒るるや、一木《いちぼく》のよく支うる能わず。誠に然り、既に大勢如何ともすべからざるに至り、一二の強硬意見は何等の作用もなさない。山王ホテルに集合し、今後の方針につき意見を求めたるも、何等良好なる具体策を見出し得ない。安藤のみ最後迄ヤルと云いて頑張ったが、ヤッてみた所が兵士を殺傷し、国賊の名を冠るのみである事が明らかだ。余は忠烈の兵士が壁により窓に掛け、将に尽きなんとする命を革命の歌によって支えている悲壮極まる情景を目撃した時、何とかして安藤に戦を断念させねばならぬと考えた。

「オイ安藤、下士兵を帰そう。貴様はコレ程の立派な部下をもっているのだ。騎虎《きこ》の勢《いきおい》、一戦せずば止まる事が出来まいけれども、兵を帰してやろう」とあふり〈れ〉落ちる涙を払いもせで云えば、彼はコウ然として、「諸君、僕は今回の蹶起には最後迄不サンセイだった。然るに遂に蹶起したのは、どこ迄もやり通すと云う決心が出来たからだ。僕は今、何人をも信ずる事が出来ぬ、僕は僕自身の決心を貫徹する」と云う。同志は交々《こもごも》意見を述べる。安藤は「少し疲れているから休ましてくれ」と云いて休む。安藤再び起き上り、「戒厳司令部に言って包囲をといてもらおう、包囲をといてくれねば兵は帰せぬ」と云う。そこで余等は、石原大佐に会見を求めようと考え、柴大尉？　に連絡を依頼する。間もなく戒厳司令部の一参謀（少佐）が来り、石原大佐の言なりとして「今となっては自決するか、ダッ出《しゅつ》〈脱出〉するか、二つに一つしかない」と伝える。同志一同此の言を聞き、切歯憤激云うところを知らず。

歩三大隊長、伊集院少佐来り「安藤、兵が可愛相だから、兵だけは帰してやれ」と云えば、安藤は憤然として、「私は兵が可愛相だからヤッタのです。大隊長がそんな事を云うとシャクにさわります」と、不明の上官に鋭い反撃を加え、突然怒号して「オーイ、俺は自決する、さして呉れ」と、ピストルをさぐる。余はあわてて制止したが、彼の意はひるがえらない。「死なして呉れ、オイ磯部、俺は弱い男だ、今でないと死ねなくなるから死なしてくれ、俺は負けることは大嫌いだ、裁かれることはいやだ、幕僚共に裁かれる前に、自ら裁くのだ、死なしてくれ」と制止の余を振り放たんとする。悲劇、大悲劇、兵も泣く、下士も泣く、同志も泣く、涙の洪水の中に身をもだえる群衆の波。

大隊長も亦「俺も自決する、安藤の様な立派な奴を死なせねばならんのが残念だ」と云いつつ号泣する。「中隊長殿が自決なさるなら、中隊全員御伴を致しましょう」と、曹長が安藤に抱きついて泣く。「オイ前島上等兵（？）お前が、嘗て中隊長を叱ってくれた事がある。中隊長殿、いつ蹶起するのです、このままでおいたら農村はいつ迄たっても救えませんと云ってねえ。農村は救えないなあ、俺が死んだらお前達は堂込（？）曹長と〇〇曹長とをたすけて、どうしても維新をやりとげよ。二人の曹長は立派な人間だ、イイカ、イイカ」「曹長、君達は僕に最後迄ついて来てくれた、有難う、あとをたのむ」と云えば、群がる兵士等が「中隊長殿、死なないで下さい」と泣き叫ぶ。余はこの将兵一体、鉄石の如き団結を目のあたりにみて、同志将兵の偉大さに打たれる。

「オイ安藤ッ、死ぬのはやめろ、人間はなあ、自分が死にたいと思っても、神が許さぬ時には死ねないのだ、自分では死にたくなくても時機が来たら死なねばならなくなる。こんなにたくさんの人が皆して止めているのに死ねるものか。又、これだけ尊び慕う部下の前で、貴様が死んだら、一体あとはどうなるんだ」と、余は羽《は》ガイジメにしている両腕を少しくゆるめてさとす。幾度も幾度も自決を思いとどまらせようとしたら、漸《ようや》く自決しないと云うので、余はヤク〈扼〉していた両腕をといてやる。

兵は一堂に集まって中隊長に殉じようと準備しているらしい様子、死出の歌であろう、中隊を称える「吾等の六中隊」の軍歌が起る。

註、拙文安藤部隊の最後の場面を如実に記する事が出来ぬのを遺憾とする。安藤は実にえらい奴だ。あれだけに下士官兵からなつかれ慕われると云う事は、術策や芝居では出来ない。彼の偉大な人格が然らしめたのだ。

然るに此の安藤を、幕僚は何と云って辱しめたか。「安藤は死ぬ死ぬと云って、兵の前で芝居をやったのだ」と。余は此の大侮辱に対して同志諸君に復讐をしてもらいたいことを願う。維新だとか、皇国の為だとか云うキレイらしいことは云わない。唯、仇うちをして下さいとたのみたい。人間の最も神聖厳粛な最後の場合を侵したり、けがしたりする幕僚の腐魂にメスを刺すことをせずに、維新だとか、天皇の為だとか、キレイな事ばかり云っていたら、決して維新にならぬと信じます。

第二十五

同志将校は各々下士官兵と劇的な訣別を終り、陸相官邸に集合する。余が村中、田中と共に官邸に向いたる時は、永田町台上一帯は既に包囲軍隊が進入し、勝ち誇ったかの如く、喧騒を極めている。陸相官邸は憲兵、歩哨、参謀将校等が飛ぶ如くに往来している。余等は広間に入り、此処でピストルその他の装具を取り上げられ、軍刀だけの携帯を許される。山下少将、岡村寧次少将が立会って居た。彼我共に黙して語らず。

余等三人は林立せる警戒憲兵の間を僅かに通過して小室にカン禁さる。同志との打合せ、連絡等すべて不可能、余はまさかこんな事にされるとは予想しなかった。少くも軍首脳部の士が、吾等一同を集めて最後の意見なり、希望を陳べさして呉れると考えていた。然るに血も涙も一滴だになく、自決せよと言わぬばかりの態度だ。山下少将が入り来て「覚悟は」と問う。村中「天裁を受けます」と簡短に答える。

連日連夜の疲労がドット押し寄せて性気〈正気〉を失いて眠る。夕景迫る頃、憲兵大尉岡村通弘（同期生）の指揮にて、数名の下士官が捕縄をかける。刑務所に送られる途中、青山のあたりで昭和十一年二月二十九日の日はトップリと暮れてしまう。

1　野中大尉は陸軍大臣官邸に於て、井出宣治大佐（元歩三聯隊長）にムリヤリに自殺させられる。

2　安藤は自決しようとしたが、兵に制せられて目的を果さず。

3　他の多数同志は自決する決心で陸軍省に集り、各々遺書等を認めたのであったが、心気《〔ルビ〕》当局者の「死ね、死んでしまえ」と言った様な、残酷な態度に反感をいだき、一転して自殺を思い止る。

4　陸軍省では自決の為に、白木綿などを前以て準備していた。

5　余はどうしても死ぬ気が起らなかった。自決どころではない、山王ホテルから逃走して支那へ渡ろうと思って、柴大尉に逃げさしてくれとたのんだ位いであった。どこ迄も生きのびて仇うちをせねば気がすまなかったのだ。
6　山本又は二十九日夜、山王神社に野宿し、地方人の印半てんを着て逃走した。

一、奉勅命令に関する事
一、大臣告示…………
一、戒厳令下の軍隊に同志の軍隊が編入された事
一、所謂チチブノ宮殿下令旨の事
一、皇族内閣に反対をトなえたる理由及前後の事情
一、予審、公判間の事情
右の各条に関しては別に記載する事とする。

昭和十一年九月十二日

同志刑せられて満二ケ月

獄中日記

昭和十一年七月三十一日〜八月三十一日

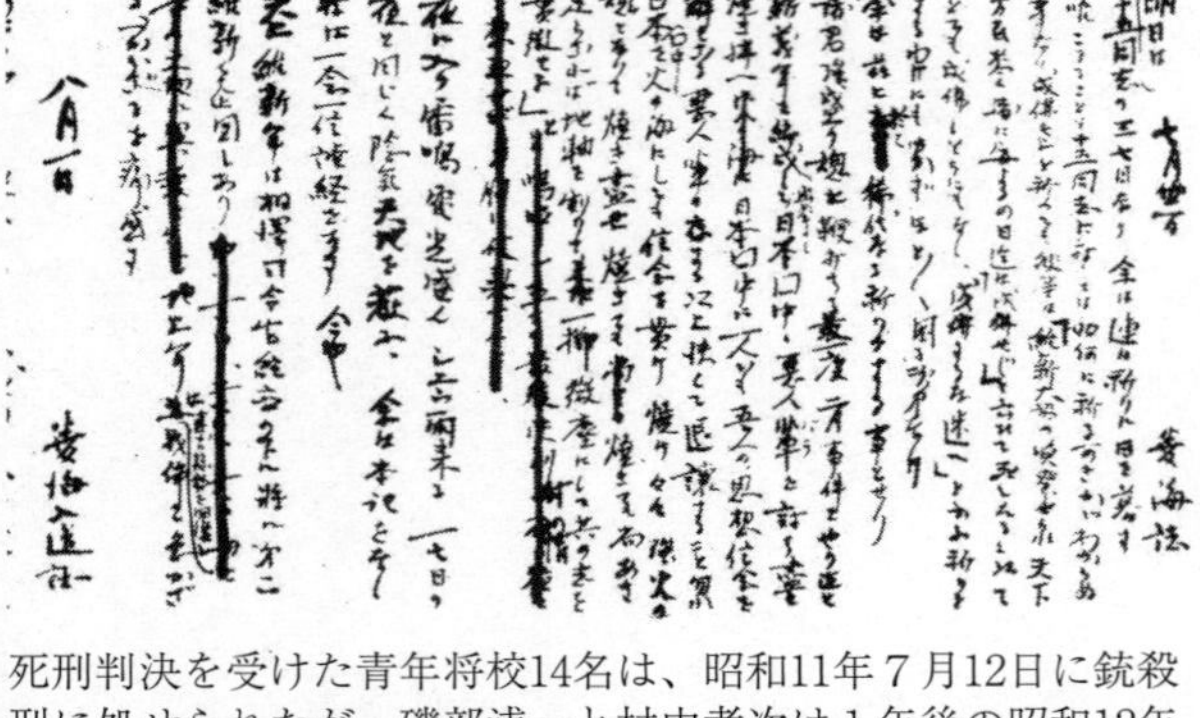

死刑判決を受けた青年将校14名は、昭和11年７月12日に銃殺刑に処せられたが、磯部浅一と村中孝次は１年後の昭和12年８月19日、北一輝や西田税らとともに処刑された。この日記は、同志処刑直後の７月31日から８月31日までを綴ったものであり、前章の「行動記」と同様、看守であった平石米久が保管していたものである

七月卅一日

菱海誌

明日は十五同志の三七日なり、余は連日祈りに日を暮す、唯こまることは、十五同志に対しては如何に祈る可きかがわからぬ事なり、成仏せよと祈っても彼等は「維新大詔の渙発せられ天下万民悉《ことごと》く堵《と》に安《やすん》ずるの日迄は成仏せじ」と云いて死したるを以て、とても成仏しそうにもなく、「成仏するな迷え」と云う祈りをするわけにもゆかず、ほとほと困る次第なり

余は茲に於て稀代なる祈りをする事とせり、「諸君強盛の魂に鞭打ちて最《も》一度二月事件をやり直せ、新義軍を編成して再挙し、日本国中の悪人輩を討ち尽せ、焼き払え、日本国中に一人でも吾人の思想信念を解せざる悪人輩の在する以上、決して退譲すること勿れ、日本国中を火の海にしても信念を貫け、焼け焼け、強火〈業火〉の魂となりて焼き尽せ、焼きても焼きても尚あき足らざれば、地軸を割りて一擲微塵にして其の志を貫徹せよ」と

夜に入り雷鳴電光盛ん、シュウ雨〈驟雨〉来る、一七日の夜と同じく陰気天地を蔽う、余は本記をなし村〈村中孝次〉は一念一信読経をなす、今や、

天上維新軍は相沢司令官統率の下に第二維新を企図しあり、地上軍は速かに態勢を回復し戦備を急がざるべからざるを痛感す

菱海入道誌

八月一日

何にヲッ！　殺されてたまるか、死ぬものか、千万発射つとも死せじ、断じて死せじ、死ぬることは負ける事だ、成仏することは譲歩する事だ、死ぬものか、成仏するものか悪鬼となって所信を貫徹するのだ、ラセツ〈羅刹〉となって敵類賊カイ〈魁〉を滅尽するのだ、余は祈りが日々に激しくなりつつある、余の祈りは成仏しない祈りだ、悪鬼になれる様に祈っているのだ、優秀無敵なる悪鬼になる可く祈っているのだ、必ず志をつらぬいて見せる、余の所信は一分も一厘もまげないぞ、完全に無敵に貫徹するのだ、妥協も譲歩もしないぞ

余の所信とは日本改造方案〈法案〉大綱を一点一角も修正する事なく完全に之を実現することだ

方案は絶対の真理だ、余は何人と雖《いえど》も之を許し、之を毀却〈棄却〉することを許さぬ

方案の真理は大乗仏教に真徹するものにあらざれば信ずる事が出来ぬ
然るに大乗仏教所か小乗もジュ〈儒〉道も知らず、神仏の存在さえ知らぬ三文学者、軽薄軍人、道学先生等が、わけもわからずに批評せんとし毀たん〈と〉するのだ
余は日蓮にはあらざれども方案を毀《こぼ》る輩を法謗〈謗《ほう》法《ぼう》〉のオン賊〈怨賊〉と云いてハバカラヌ
日本の道は日本改造方案以外にはない、絶対にない、日本が若しこれ以外の道を進むときには、それこそ日本の没落の時だ
明かに云っておく、改造方案以外の道は日本を没落せしむるものだ、如何となれば官僚、軍幕僚の改造案は国体を破滅する恐る可き内容をもっているし、一方高天ケ原への復古革命論者は、ともすれば公武合体的改良を考えている、共産革命か復古革命かが改造方案以外の道であるからだ
余は多弁を避けて結論だけを云っておく、日本改造方案は一点一画一角一句悉く真理だ、歴史哲学の真理だ、日本国体の真表現だ、大乗仏教の政治的展開だ、余は方案の為めには天子呼び来れども舟より下らずだ

八月二日

シュウ雨雷鳴盛ン、明日は相沢中佐の命日だ、今夜は待夜だ、中佐は真個の日本男児であった

八月三日

中佐の命日、読経す、中佐を殺したる日本は今苦しみにたえずして七テン八倒している、悪人が善人をはかり殺して良心の苛責にたえず、天地の間にのたうちもだえているのだ、中佐程の忠臣を殺した奴にそのムクイが来ないでたまるか、今にみろ、今にみろ

八月四日

北一輝氏、先生は近代日本の生める唯一最大の偉人だ、余は歴史上の偉人と云われる人物に対して大した興味をもたぬ、いやいや興味をもたぬわけではないが、大してコレハと云う人物を見出し得ぬ、西郷は傑作だが元治以前の彼は余と容れざる所がある、大久保、

木戸の如きは問題にならぬ、中世、上古等の人物についてはあまりにかけはなれているのでよくわからぬ、唯余が日本歴史中の人物で最も尊敬するは楠公だ、而して明治以来の人物中に於ては北先生だ

八月五日

佐幕派の暴政時代、南〈次郎〉朝鮮総督、杉山〈元〉教育総監、西尾〈寿造《としぞう》参謀〉次長、寺内〈寿一《ひさいち》陸軍〉大臣、宇佐美〈興家《おきいえ》〉侍従武官〔長〕、鈴貫〈鈴木貫太郎〉、牧野、一木、湯浅、西園寺等々、指を屈するにいとまなし、今にみろッ　みろッ　みろッ　みろッ　必ずテンプクしてやるぞ

八月六日

一、天皇陛下　陛下の側近は国民を圧する漢奸で一杯でありますゾ、御気付キ遊バサヌデハ日本が大変になりますゾ、今に今に大変な事になりますゾ、二、明治陛下も皇大神宮様も何をして居られるのでありますか、天皇陛下をなぜ御助けなさらぬのですか、三、日本の神々はどれもこれも皆ねむっておられるのですか、この日本の大事をよそにしている

程のなまけものなら日本の神様ではない、磯部菱海はソンナ下らぬナマケ神とは縁を切る、そんな下らぬ神ならば、日本の天地から追いはらってしまうのだ、よくよく菱海の言うことを胸にきざんでおくがいい、今にみろ、今にみろッ

八月七日

明日は同志の四七日だ、今日もシュウ雨雷鳴アリ

八月八日

同志の四七日、読経

一、吾人は別に霊の国家を有す、日本国その国権国法を以て吾人を銃殺し、尚《なお》飽き足らず骨肉を微塵にし、遠く国家の外に放擲すとも、遂に如何ともすべからざるは霊なり、吾人は別に霊の国家、神大日本を有す

一、吾人は別に信念の天地を有す、日本国の朝野悉く吾人を国賊反徒として容れずと雖も、吾人は別に信念の天地、真大日本を有す

一、吾人に霊の国家あり、信念の天地あり、現状の日本吾にとりて何かあらん、此の不義

不法堕落の国家を吾人の真国家神日本は膺懲《ようちょう》せざるべからず
一、大義明かならざるとき国士ありとも真日本はあらず、国体亡ぶとき国家ありとも神日本は亡ぶ
一、捕縛投獄死刑、嗚呼吾が肉体は極度に従順なりき、然れども魂は従わじ、永遠に抗し無窮に闘い、尺寸と雖も退譲するものに非ず、国家の権力を以て圧し、軍の威武を以て迫るとも、独り不屈の魂魄を止めて大義を絶叫し、破邪討奸せずんば止まず

——○——○——

余は日本一のスネ者だ、世をあげて軍部ライサン〈礼賛〉の時代に「軍部をたおせ、軍部は維新の最後の強固な敵だ、青年将校は軍部の青年将校たるべからず、士官候補生は軍の士官候補生たる勿れ、革命将校たれ、革命武学生たれ、革命とは軍閥を討幕することなり、上官にそむけ、軍規を乱せ、たとい軍旗の前に於てもひるむなかれ」と云いて戦いつづけたのだ、スネ者、乱暴者の言が的中して、今や吾が同志は一網打尽にやられている、もう少し早く此のスネモノ菱海の言うことを信じていさえしたら、青年将校は二月蹶起に於てもっともっと偉大な働きをしていたろうに。

——○——○——

この次に来る敵は今の同志の中にいるぞ、油断するな、似て非なる革命同志によって真人物がたおされるぞ

革命家を量る尺度は日本改造方案だ、方案を不可なりとする輩に対しては断じて油断するな、たとい協同戦線をなすともたえず警戒せよ、而して協同戦闘の終了後、直ちに獅子身中の敵を処置することを忘るるな

八月九日

死刑判決理由主文中の「絶対に我が国体に容れざる」云々は、如何に考えてみても承服出来ぬ、天皇大権を干犯せる国賊を討つことがなぜ国体に容れぬのだ、剣を以てしたのが国体に容れずと云うのか、兵力を以てしたのが然りと云うのか

天皇の玉体に危害を加えんとした者に対しては忠誠なる日本人は直ちに剣をもって立つ、この場合剣をもって賊を斬ることは赤子《せきし》の道である、天皇大権は玉体と不二一体のものである、されば大権の干犯者（統帥権干犯）に対して、純忠無二なる真日本人が激怒し、この賊を討つことは当然のことではないか、その討奸の手段の如きは剣によろうが、弾丸によろうが、爆撃しようが、多数兵士と共にしようが何等とう必要がない、忠誠心の徹底せる戦士は簡短に剣をもって斬奸するのだ、忠義心が自利私慾で曇っている奴は理由をつけて逃げるのだ、唯それだけの差だ、だから斬ることが国体に入〈容〉れぬとか何とか云うことには絶対にないのだ、否々、天皇を侵す賊を斬ることが国体であるのだ、国体に徹底

すると国体を侵すものを斬らねばおれなくなる、而してこれを斬ることが国体であるのだ
公判中に吾人は右の論法を以て裁判官にせまった、所が彼等はロンドン条約も又七、一五も統帥権干犯にあらず、と云って逃げるのだ

余は断乎として云った、「二者とも明かに統帥権の干犯である、現在の不備なる法律の智識を以てしては解釈が出来ぬ、法官の低級なる国体観を以てしては理解が出来ぬ、この統帥権干犯の事実を明確に認識し得るものは、ひとり国体に対する信念信仰の堅固なるもののみである、余の云うことはそれだけだが、一言つけ加えておくことがある、法官は統帥権干犯に非ずと云うが、何を以て然りとなすか、余は甚だしく疑う、現在の国法は大権干犯を罰する規定すらない所の不備ズサンなるものではないか、法律眼を以てロンドン条約と七、一五の大権干犯を明かにすることは出来ない筈ではないか、ついでに云っておく、本公判すら全く吾人の言論を圧したるヒミツ裁判で、立権国〈立憲国〉日本の天皇の名に於てされる公判とは云えないではないか、軍司法権の歪曲、司法大権の乱用とも云う可き事実が、現に行われつつあるではないか、統帥権の干犯が行われなかったと断言出来る道理がないではないか」と

理に於ては充分に余が勝ったのだ、然し如何にせん、徳川幕府の公判廷で松陰が大義をといている様なものだ、いやそれよりもっとひどいのだ、天皇の名をもって頭からおさえつけるのだ、天皇陛下にこの情を御知らせ申上げねばいけない、国体を知らぬ自《じ》恣《し》僭上《せんじょう》

の輩どもが天皇の御徳をけがすこと、今日より甚だしきはない、この非国体的賊類どもが吾人を呼んで「絶対に我が国体に容れず」云々と放言するのだ、余は法華経の勧持品を身読体読した

八月十日

「私は決して国賊ではありません、日本第一の忠義者ですから、村長が何と云っても、区長が何と云っても、署長が何と云っても、地下の衆が何と云っても、屁もひり合わないで下さい、今の日本人は性根がくさりきっていますから、真実の忠義がわからないのです、私共の様な真実の忠義は今から二十年も五十年もしないと、世間の人にはわかりません」

守が学校でいじめられている様な事はないでしょうか、それも心配です

「叔父は日本一の忠義者だと云うことを、よくよく守に教えてやって下さい」

私の骨がかえったら、とみ子と相談の上、都合のいい所へ埋めて下さい

「若し警察や役場の人などがカンショウ〈干渉〉等して、カレコレ文句を云う様な事があったら、決して頭をさげたらいけません、若しそれに頭をさげる様でしたら、私は成仏出来ません、村長であろうと区長であろうと、磯部浅一の霊骨に対しては指一本、文句一言云わしては磯部家の祖先と、磯部家の孫末代に対してすまないのです、葬式などはコソコ

ソとしないで、堂々と大ぴらにやって下さい、負けては駄目ですよ、決して負けてはいけませんぞ、私の遺骨をたてにとって、村長とでもケイサツとでも総理大臣とでも日本国中を相手にしてでもケンカをするつもりで葬式をして下さい」

「磯部の一家を引きつれて、どこまでも私の忠義を主張して下さい」

右は家兄へ宛てた手紙の一節だ、而して括弧内は刑務所長によって削除されたる所だ、吾人は今何人に向っても正義を主張することを許されぬ、家兄へ送る手紙、しかも遺骨に関する事すら許さぬのだ、刑務所長の曰く「コノ文を許すと所長が認めたことになる」と、認めたことになるから許さぬと云うのは認めぬと云うことだ、吾人の正義を否定すると云うことだ

八月十一日

天皇陛下は十五名の無双の忠義者を殺されたのであろうか、そして陛下の周囲には国民が最もきらっている国奸等を近づけて、彼等の云いなり放題に御まかせになっているのだろうか

陛下　吾々同志程、国を思い陛下の事をおもう者は日本国中どこをさがしても決しておりません、その忠義者をなぜいじめるのでありますか、朕は事情を全く知らぬと仰せられ

てはなりません、仮りにも十五名の将校を銃殺するのです、殺すのであります、陛下の赤子を殺すのでありますぞ、殺すと云うことはかんたんな問題ではない筈であります、陛下の御耳に達しない筈はありません、御耳に達したならば、なぜ充分に事情を御究め遊ばしませんので御座いますか、なぜ不義の臣等をしりぞけて、忠烈な士を国民の中に求めて事情を御聞き遊ばしませぬので御座いますか、何と云う御失政でありましょう

こんなことをたびたびなさりますと、日本国民は、陛下を御うらみ申す様になりますぞ、菱海はウソやオベンチャラは申しません、陛下の事、日本の事を思いつめたあげくに、以上のことだけは申上げねば臣としての忠道が立ちませんから、少しもカザらないで陛下に申上げるのであります

陛下　日本は天皇の独裁国であってはなりません、重臣元老貴族の独裁国であるも断じて許せません、明治以後の日本は、天皇を政治的中心とした一君と万民との一体的立憲国であります、もっとワカリ易く申上げると、天皇を政治的中心とせる近代的民主国であります、左様であらねばならない国体でありますから、何人《なんぴと》の独裁をも許しません、然るに今の日本は何と云うざまでありましょうか、天皇を政治的中心とせる元老、重臣、貴族、軍閥、政党、財閥の独裁の独裁国ではありませぬか、いやいや、よくよく観察すると、この特権階級の独裁政治は、天皇をさえないがしろにしているのでありますぞ、天皇をローマ法王にしておりますぞ、ロボットにし奉って彼等が自恣専断を思うままに続けておりま

すぞ
　日本国の山々津々の民どもは、この独裁政治の下にあえいでいるのでありますぞ
　陛下　なぜもっと民を御らんになりませんか、日本国民の九割は貧苦にしなびて、おこる元気もないのでありますぞ
　陛下がどうしても菱海の申し条を御ききとどけ下さらねばいたし方御座いません、菱海は再び陛下側近の賊を討つまでであります、今度こそは宮中にしのび込んででも、陛下の大御前ででも、きっと側近の奸を討ちとります
　恐らく陛下は、陛下の御前を血に染める程の事をせねば、御気付き遊ばさぬのでありましょう、悲しい事でありますが、陛下の為、皇祖皇宗の為、仕方ありません、菱海は必ずやりますぞ
　悪臣どもの上奏した事をそのままうけ入れ遊ばして、忠義の赤子を銃殺なされました所の　陛下は、不明であられると云うことはまぬかれません、此の如き不明を御重ね遊ばすと、神々の御いかりにふれますぞ、如何に陛下でも、神の道を御ふみちがえ遊ばすと、御皇運の涯〈果〉てる事も御座ります
　統帥権を干犯した程の大それた国賊どもを御近づけ遊ばすものでありますから、二月事件が起ったのでありますぞ、佐郷屋、相沢が決死挺身して国体を守り、統帥大権を守ったのでありますのに、かんじんかなめの　陛下がよくよくその事情を御きわめ遊ばさないで、

何時迄も国賊の云いなりになって御座られますから、日本がよく治らないで常にガタガタして、そこここで特権階級をつけねらっているのでありますぞ

陛下　菱海は死にのぞみ、陛下の御聖明に訴えるのであります、どうぞ菱海の切ない忠義心を御明察下さりますます様伏して祈ります、獄中不断に思う事は　陛下の事で御座ります　陛下さへシッカリと遊ばせば、日本は大丈夫で御座居ます、同志を早く御側へ御よび下さい

八月十二日

今日は十五同志の命日

先月十二日は日本歴史の悲劇であった

同志は起床すると一同君が代を唱え、又例の渋川〈善助〉の読経に和して瞑目の祈りを捧げた様子で、余と村〈中孝次〉とは離れたる監房から、わずかにその声をきくのであった

朝食を了《おわ》りてしばらくすると、万才万才の声がしきりに起る、悲痛なる最後の声だ、うらみの声だ、血と共にしぼり出す声だ、笑い声もきこえる、その声たるや誠にいん惨である、悪鬼がゲラゲラと笑う声にも比較出来ぬ声だ、澄み切った非常なる怒りとうらみと憤

激とから来る涙のはての笑声だ、カラカラした、ちっともウルオイのない澄み切った笑声だ、うれしくてたまらぬ時の涙より、もっともっとひどい、形容の出来ぬ悲しみの極の笑だ

余は、泣けるならこんな時は泣いた方が楽だと思ったが、泣ける所か涙一滴出ぬ、カラカラした気持でボオーとして、何だか気がとおくなって、気狂いの様に意味もなくゲラゲラと笑ってみたくなった

午前八時半頃からパンパンパンパンと急速な銃声をきく、その度に胸を打たれる様な苦痛をおぼえた

余りに気が立ってジットして居れぬので、詩を吟じてみようと思ってやってみたが、声がうまく出ないのでやめて部屋をグルグルまわって何かしらブツブツ云ってみた、御経をとなえる程の心のヨユウも起らぬのであった

午前中に大体終了した様子だ

午后から夜にかけて、看守諸君がしきりにやって来て話しもしないで声を立てて泣いた、アンマリ軍部のやり方がヒドイと云って泣いた、皆さんはえらい、たしかに青年将校は日本中の誰よりもえらいと云って泣いた、必ず世の中がかわります、キット仇は誰かが討ちますと云って泣いた、コノママですむものですか、この次は軍部の上の人が総ナメにやられますと云って泣いた、中には私の手をにぎって、磯部さん、私たちも日本国民です。貴

方達の志を無にはしませんと云って、誓言をする者さえあった
この状態が単に一時の興奮だとは考えられぬ、私は国民の声を看守諸君からきいたのだ、全日本人の被圧迫階級は、コトゴトク吾々の味方だと云うことを知って、力強い心持になった、その夜から二日二夜は死人の様になってコンコンと眠った、死刑判決以後一週間、連日の祈とう〈祈禱〉と興フン〈昂奮〉に身心綿の如くにつかれたのだ
二月二十六日以来の永い戦闘が一先《ひとま》ず終ったので、つかれの出るのもむりからぬ事だ
宛《あたか》も本日――
弟が面会に来て、寺内が九州の青年にねらわれたとかの事を通じてくれた、不思議な因縁だ、たしかに今に何か起ることを予感する、余は死にたくない、も一度出てやり直したい、三宅坂の台上を三十分自由にさしてくれたら、軍幕僚を皆殺しにしてみせる、死にたくない、仇がうちたい、全幕僚を虐殺して復讐したい

八月十三日

政府の優柔不信に業《ごう》をにやしたる軍部は、国政一新の実を速かにすべき理由として曰く「軍部はあれだけの粛軍の犠牲を出したるに、政府は庶政の一新に尽力するの誠意を欠けり、宜しく軍部の犠牲に対して代償を払う可し」と、何ぞその言の悲痛なるやだ

馬鹿につける薬はない、軍部と言う大馬鹿者は自分の子供を自分で好んで殺しておいて、他人に代償を求めるのだ、此の如きたわけた軍部だから、正義の青年将校を殺すことを粛軍だとも考えちがえをする筈だ

正義の青年将校は国奸元老重臣を討ったのだ、その忠烈の将校を虐殺すると云うことは、それが直ちに元老重臣等一切の国奸に拝跪コウ頭〈叩頭〉することになるのではないか、一たびコウ頭した軍部が、今更代償を払えと云ったとて何になるか、軍部の馬鹿野郎、一体軍部は政府を何と見ているのだ、政府は常に元老重臣の化身ではないか、だから政府に対して云うことは、元老重臣に対して云うのと同様だ

よく考えてみよ、元老重臣に代償を払えとせまったら、彼等は何と云うだろう、オイオイ軍部よ〔ママ〕変な事を云うな、御前の子供は俺のいのちをとろうとした大それた奴だ、元来俺が手打ちにすべき所を許してやったら、御前は自分でスキ好んで子供を殺したのだ、だか

ら俺が代償を払う道理はどこにもないではないか、御前の子供と同様に、国家改造と云う代償を俺にせまるだろうが、俺とは御前の子供の考えはちがっていて国賊の考えだと信じている、御前も御前の子供を国賊だと云って、最先きに天下に発表したではないか、それに今更、御前が子供と同じ様に国家改造など云うのは、御前自身が国賊だと云うことになるぞ、代償なんか一文もやるものか、と元老おやじが云いつのったら、軍部さん、何とする

馬鹿野郎軍部、ざまをみろ

——○——○——

貴様は元老重臣からも見はなされた、今に国民から見はなされ、孝行者の青年将校、下士兵から見はなされるぞ、いやいやもうとっくの昔にみはなされているのだ

軍首脳部と云う高慢ちきなおどり娘さん、御前さんは自分の力を過信して、背景の舞台をムリヤリに自分でとり除いた、そして妾の上手なおどりをみよとばかりに、国政一新と云うやつをおどっている、背景があればこそ、おどりも人気をよぶのだ、然るに御前さんのうしろには、もう美しい絵道具も三味ヒキ、タイコたたきの青年将校も一人もいないので、見物人はこんなおどりに木戸銭が払えるかと云ってかえった、御前さんはさあ大変と思って、代償をはらえと云って追かけたら、何に代償？　何を云うか、自分で勝手に背景をとりのけておどったのではないか、とけんもホロロだ

おどり娘さん、御前は一切の見物人から見はなされたことを知れ

八月十四日

身は死せども霊は決して死せず候間「銃殺されたら、優秀なユウレイになって所信を貫くつもりに御座候え共、いささか心配なる事は、小生近年スッカリ頭髪が抜けてキンキラキンの禿頭に相成り候間ユウレイが滑稽過ぎて凄味がなく、ききめがないではあるまいかと思い、辛痛〈心痛〉致し居り候

貴家へは化けて出ぬつもりに候えども、ヒョット方向をまちがえて、貴家へ行ったら禿頭の奴は小生に候間、米の茶一杯下さる様願上候」

「正義者必勝　神仏照覧」

右は山田洋大尉〔広島幼年学校以来の同期生〕への通信の一部、括弧内は削除されたる所だ

神仏照覧迄削除されるのだから、当局の弾圧の程度が知れる、これではいよいよこの次が悲惨だ

——○——○——

相沢中佐、対馬は　天皇陛下万歳と云いて銃殺された

安藤はチチブ〈秩父〉の宮殿〈下〉の万歳を祈って死んだ

余は日夜、陛下に忠諫を申し上げている、八百万の神々を叱っているのだ、この意気のままで死することにする

天皇陛下　何と云う御失政で御座りますか、何故奸臣を遠ざけて、忠烈無双の士を御召し下さりませぬか

八百万の神々、何をボンヤリして御座るのだ、何故御いたましい陛下を御守り下さらぬのだ

これが余の最初から最後迄の言葉だ

日本国中の者どもが、一人のこらず陛下にいつわりの忠をするとも、余一人は真の忠道を守る、真の忠道とは正義直諫をすることだ

明治元年十月十七日の正義直諫の詔に宣《のたまわ》く「凡《およ》そ事の得失可否は宜《よろ》しく正義直諫、朕が心を啓沃《けいよく》すべし」と

——○——○——

八月十五日

村中、安ド〈安藤〉、香田、栗原、田中、等々十五同志は一人残らず偉大だ、神だ、善

人だ、然し余だけは例外だ、余は悪人だ、だからどうも物事を善意に正直に解せられぬ、例の奉勅命令に対しても、余だけは初めからてんで問題にしなかった、インチキ奉勅命令なんかに誰が服従するかと云うのが真底の腹だった、刑ム所に於ても、どうも刑ム所の規そくなんか少しも守れない、後で笑れるぞ、刑ム所の規そくを守っておとなしくしよう等、同志に忠告されたが、どうも同志の忠告がぴんと来ぬ、あとで笑われるも糞もあるか、刑ム所キソクを目茶々々にこわせばそれでいいのだ、人は善の神になれ、俺は一人、悪の神になって仇をウツのだ

八月十六日

毎日大悪人になる修業に御経をあげている、戒厳司令部、陸軍省、参本部をやき打ちすることも出来ない様な人好しでは駄目だ、インチキ奉勅命令にハイハイと云うて、とうとうへこたれる様ないくじなしでは駄目だ、善人すぎるのだ、テッテイした善人ならいいのだが、余の如きは悪人のくせに善人と云われたがるからいけないのだ

陸軍省をやき、参謀本部を爆破し、中央部軍人を皆殺しにしたら、賊と云われても満足して死ねるのだったに、奉勅命令にも抗して決死決戦したのなら、大命に抗したと言われても平気で笑って死ねるのだったが、ままし（ママ）なまじッかな事をしたので、賊でもない官軍

でもないヨウカイ変化になってしまった

前原一誠が殺される時「ウントコサ」と云って首の座に上ったのも、西郷が新八？どん「このへんでようごわしょう」と云ってカイシャク〈介錯〉をたのんで死んで行ったのも、二人がドコ迄も大義の為の反抗をして、男児の意地をたてとおしたからの大満足から来る安心立命の一言だ、大義の為に奉勅命令に抗して一歩も引かぬ程の大男児になれなかったのは、俺が小悪人だからだ、小利巧だからだ、小才子、小善人だったからだ

八月十七日

元老も重臣も国民も軍隊も警察も裁判所も監獄も、天皇機関説ならざるはない、昭和日本は漸く天皇機関説時代に迄進化した

吾人は進化の聖戦を作戦指導する先覚者だった筈、されば元老と重臣と官憲と軍隊と裁判所と刑ム所を討ちつくして、天皇機関説日本を更に一段階高き進化の域に進ましむるを任とした

然るに天皇機関説国家の機関説奉勅命令に抗することをも為し得ずに終りたるは、省みてはず可《べ》き事である

この時代、この国家に於て吾人の如き者のみは、奉勅命令に抗するとも忠道をあやまり

たるものでないことを確信する、余は、真忠大義大節の士は、奉勅命令に抗す可きであることを断じて云う
二月革命の日、断然奉勅命令に抗して決戦死闘せざりし吾人は、後世、大忠大義の士にわらわるることを覚悟せねばならぬ

八月十八日

北先生のことを思う
先生は老体でこの暑さは苦しいだろう
ツクヅク日本と云う大馬鹿な国がいやになる、先生の様な人をなぜいじめるのだ
先生を牢獄に入れて、日本はどれだけいい事があるのだ
先生と西田氏と菅波、大岸両氏等は、どんな事があってもしばらく日本に生きていてもらいたい
先生、からだに気をつけて下さい、そしてどうかして出所して下さい、私は先生と西田氏の一日も速かに出所出来る様に祈ります、祈りできめがないなら、天上で又一いくさ致します

―○―○―

余がこの頃胸にえがく国家は、穢土《エド》日本を征め亡ぼそうとしている
このくさり果てた日本が何だ、一日も早く亡ぼさねば駄目だ、神様の様にえらい同志を
迫害する日本ヨ、御前は悪魔に堕落してしまっているぞ

八月十九日

西田税氏を思う、氏は現代日本の大材である、士官候補生時代、早くも国家の前途に憂心を抱き、改革運動の渦中に投じて、爾来十有五年、一貫してあらゆる権力、威武、不義、不正とたたかいてたゆむ所がない、ともすれば権門に阿《おもね》り威武に屈して、その主義を忘れ、主張を更《か》え、恬然《てんぜん》たる改革運動の陣営内に於て、氏の如く不屈不惑の士はけだし絶無である

氏の偉大なる所以は、単にその運動に於ける経験多き先輩なるが為でもなく、又特権階級に向って膝を屈せざる為のみでもない、氏はその骨髄から血管、筋肉、外皮迄、全身全体が革命的であるのだ、真聖の革命家である、この点が何人の追ズイヲモ許さない所だ

氏の言動、一句一行悉く革命的である、決して妥協しない、だから敵も多いのである、しかも氏は、この多数の敵の中にキ然として節を持する、敵が多ければ多い程敢然たる態度をとつて寸分の譲歩をしない、この信念だけは氏以外の同志に見出すことが出来ない、

余は数十数百の同志を失うとも、革命日本の為め氏一人のみは決して失ってはならぬと心痛している

八月廿日

相沢中佐の四九日だ。祈りをなす

八月廿一日

日本改造方案〈法案〉大綱は絶対の真理だ、一点一画の毀却〈棄却〉を許さぬ
今回死したる同志中でも、改造方案に対する理解の不徹底なる者が多かった、又残っている多数同志も、殆どすべてがアヤフヤであり、天狗である、だから余は、革命日本の為に同志は方案の真理を唱えることに終始せなければならぬと云うことを云い残しておくのだ、方案は我が革〈命〉党のコーランだ、剣だけあってコーランのないマホメットはあなどるべしだ、同志諸君、コーランを忘却して何とする、方案は大体いいが字句がわるいと云うことなかれ、民主主義と云うは然らずと遁辞《とんじ》を設くるなかれ、堂々と方案の一字一句を主張せよ、一点一画の譲歩もするな、而して、特に日本が明治以後近代的民主国なるこ

とを主張して、一切の敵類を滅亡させよ

八月廿二日

大神通力

八月廿三日

日本改造方案〈法案〉大綱中、緒言、国家の権利、結言、純正社会主義ト国体論ノ緒言ヲ、法ケ経ト共に朝夕読誦す、之レニヨリテ一切の敵類ヲ折伏《しゃくぶく》するのだ

——○——○——

官吏横暴一等国日本、我が官吏の如く横暴なるはない、官吏と云えばハシクレの小者迄がいばり散らして国民を圧する、刑ム所看守中にも甚だしく不尊な奴がいる、この無礼なるハシクレ官吏が民間同志に対しては、殊更になまいきな振舞をする

余は不義の抑圧の下には一瞬たりとも黙止することが出来ぬ、三月収容初期、吾等を国賊視し、反徒扱いにしたので、怒り心頭に発してブンナグロウとさえした事があったが、この頃又一、二の不所存なハシクレ野郎が無礼な言動と抑圧をするのを見た、今は少し我

まんしておくが、機会があったらブチ殺してしまいたい、この不明なるハシクレ野郎共が、特権階級の犬になって正義の国士を圧し、銃殺の手伝い迄したのだ

八月廿四日

一、山田洋の病状ヨカラザルヲキク、為に祈る、彼の病床煩々の痛苦は恐らく余の銃殺さるることより大ならん、天は何が為に彼の如き剛直至誠の真人物を苦しめるのか

──○──○──

二、日本と云う大馬鹿が、自分で自分の手足を切って苦痛にもだえている

──○──○──

三、日本が吾々の如き大正義者を国賊反徒として迫害する間は、絶対に神の怒りはとけぬ、なぜならば、吾々の言動は悉く天命を奉じなす所の神のそれであるからだ

──○──○──

四、全日本国民は神威を知れ

──○──○──

五、俺は死なぬ、死ぬものか、日本をこのままにして死ねるものか、俺が死んだら日本は悪人輩の思うままにされる、俺は百千万歳、無窮に生きているぞ

八月廿五日

天皇陛下は何を考えて御座られますか、何ぜ側近の悪人輩を御シカリ遊ばさぬので御座ります、陛下の側近に対してする全国民の轟々たる声を御きき下さい

八月廿六日

軍部をたおせ、軍閥をたおせ、軍閥幕僚を皆殺しにせよ、然らずんば日本はとてもよくならん

軍部の提灯もちをする国民と、愛国団体と一切のものを軍閥と共にたおせ、軍閥をたおさずして維新はない

八月廿七日

処刑さるる迄に寺内、次官、局長、石本、藤井等の奴輩だけなりとも、いのり殺してやる

八月廿八日

竜袖にかくれて皎々不義を重ねて止《や》まぬ重臣、元老、軍閥等の為に、如何に多くの国民が泣いているか

天皇陛下　此の惨タンたる国家の現状を御覧下さい、陛下が、私共の義挙を国賊反徒の業と御考え遊ばされていられるらしいウワサを刑ム所の中で耳にして、私共は血涙をしぼりました、真に血涙をしぼったのです

陛下が私共の挙を御きき遊ばして

「日本もロシヤの様になりましたね」と云うことを側近に云われたとのことを耳にして、私は数日間気が狂いました

「日本もロシヤの様になりましたね」とは将して如何なる御聖旨か俄《にわ》かにわかりかねますが、何でもウワサによると、青年将校の思想行動がロシヤ革命当時のそれであると云う意味らしいとのことをソク聞〈仄聞〉した時には、神も仏もないものかと思い、神仏をうらみました

だが私も他の同志も、何時迄もメソメソと泣いてばかりはいませんぞ、泣いて泣き寝入りは致しません、怒って憤然と立ちます

今の私は怒髪天をつくの怒にもえています、私は今は、陛下を御叱り申上げるところに迄、精神が高まりました、だから毎日朝から晩迄、陛下を御叱り申して居ります
天皇陛下　何と云う御失政でありますか、何と云うザマです、皇祖皇宗に御あやまりなされませ

八月廿九日

十五同志の四九日だ、感無量、同志が去って世の中が変った、石本〔寅三〕が軍事課長になり、寺内はそのまま大臣、南が朝鮮〔総督〕、嗚呼、鈴木貫も牧ノも、西寺〈西園寺〉も、湯浅も益々威勢を振っている、たしかに吾が十五同志の死は、世の中を変化さした
悪く変化さした、残念だ、少しも国家の為になれなかったとは残念千万だ、今にみろ、悪人ども、何時迄もさかえさせはせぬぞ、悪い奴がさかえて、いい人間が苦しむなんて、そんなベラ棒な事が許しておけるか

八月卅日

一、余は極楽にゆかぬ、断然地ゴク〈地獄〉にゆく、地ゴクに行って牧ノ、西寺、寺内、

南、鈴貫、石本等々、後から来る悪人ばらを地ゴクでヤッツケるのだ、ユカイ、ユカイ、余はたしかに鬼にはなれる自信がある、地ゴクの鬼にはなれる、今のうちにしっかりとした性根をつくってザン忍猛烈な鬼になるのだ、涙も血も一滴ない悪鬼になるぞ

――○――○――

二、自分に都合が悪いと、正義の士を国賊にしてムリヤリに殺してしまう、そしてその血のかわかぬ内に、今度は自分の都合の為に贈位をする、石碑を立て表忠頌徳をはじめる、何だバカバカしい、くだらぬことはやめてくれ。俺は表忠塔となって観光客の前にさらされることを最もきらう、いわんや俺等に贈位することによって、自分の悪業のインペイ〈隠蔽〉と自分の位チ〈位置〉を守り地位を高める奴等の道具にされることは真平だ

俺の思想信念行動は、銅像を立て石碑を立て贈位されることによって正義になるのではない、はじめから正義だ、幾千年たっても正義だ

国賊だ、反徒だ、順逆をあやまったなど下らぬことを云うな、又忠臣だ、石碑だ、贈位だなど下ることとも云うな

「革命とは順逆不二の法門なり」と、コレナル哉《かな》コレナル哉《かな》、国賊でも忠臣でもないのだ

八月卅一日

刑ム所看守の中にもバク府〈幕府〉の犬がいる
馬鹿野郎、今にみろ、目明し文吉だ
トテモワルイ看守もいる、中にはとても国士もいる、大臣にでもしたい様な人物もいる

獄中手記　1

〈編集部註／本章の「獄中手記（一）」「獄中手記（三）」は、磯部が執筆した原文手記ではなく、「怪文書」として要路関係者に配布したものを採録したものである〉

歎願

謹シミテ

百武侍従長閣下ニ歎願シ奉リマス

北　輝次郎
西田　税　　両人ハ

昭和十一年二月二十六日事件ニ関シテハ絶対ニ直接的ナ関係ハ無イノデアリマス、然ルニ陸軍現首脳部ハ故意ノ曲解ヲ以テ両人ヲ死刑ニセントシテオリマス、此ノ僭上専断ナ裁判ハ上ハ天皇陛下ノ御徳ヲ汚シ奉リ、下ハ国民ノ義心ニサカライ君国ノ為メ忍ビ難キモノデアリマス

速カニ事ノ真相ガ　上聞ニ達シ、両人ノ無実ノ罪ガトケル様ニナルコトヲ国家ノ為メ念願

スル余リ、順序ヲ紊《もと》ルノ罪ヲ顧ミル暇ナク、両人助命ノ為メ閣下ノ御尽力ヲ賜リ度ク、伏シテ歎願シ奉ル次第デアリマス

恐懼謹言　　磯部浅一　血判

獄中手記（一）

北、西田両氏の如き人を殺す様な日本には最早、少しの正義も残っておりません。日本国に少しでも正義が存在しており、一人でも正義の士が厳存して居るならば、必ず両氏はたすかると信じます。私は日夜両氏の助かる様、精魂をつくして御祈りをしています。必ず両氏は助かります。どうぞ此の確信のもとに百方の御手段を御とり下さる様にねがいます。

一体何故、北、西田両氏を殺す様な次第になったかを探究してみましょう。

寺内が重臣とケッ托〈結託〉して極刑方針で進んでいるからであることは表面の現象です　二月事件を極刑主義で裁かねばならなくなった最大の理由は、三月一日発表の「大命に抗したり」と云う一件です。青年将校は奉勅命令に抗した、而して青年将校をかくさせ

たのは、北、西田だ、北等が首相官邸へ電ワをかけて「最後迄やれ」と煽動したのだ、と云うのが軍部の遁辞《とんじ》です

青年将校と北と西田等が、奉勅命令に服従しなかったと云うことにして之を殺さねば軍部自体が大変な失態をおかしたことになるのです

即ち、

アワテ切った軍部は二月二十九日朝、青年将校は国賊なりの宣伝をはじめ、更に三月一日大アワテにアワテて「大命に抗したり」の発表をしました。所がよくよくしらべてみると、奉勅命令は下達されていない。下達しない命令に抗すると云うことはない。サァ事が面倒になった。今更宮内省発表の取消しも出来ず、それかと云って刑務所に収容してしまった青年将校に、奉勅命令を下達するわけにもゆかず、加之《しかのみならず》、大臣告示では行動を認め、戒厳命令では警備を命じているのでどうにも、こうにもならなくなった。軍部は困り抜いたあげくのはて、

①大臣告示は説得案にして行動を認めたるに非ず、

②戒厳命令は謀略なり、

との申合せをして、

㋑奉勅命令は下達した。と云うことにして奉勅命令の方を活かし、

㋺大命に抗したりと云う宮内省の発表を活かして、

一切合財の責任を青年将校と北、西田になすりつけたのです。この基礎作業は寺内がしたのではなくて、川島を中心とする当時の軍首脳部がしたのです。

二月事件を明かにするには、どうしても此の軍部の大インチキをバクロせねば駄目です。「大命に抗したり」「国賊なり」と云う黒い幕で蔽われたまま、如何にこちらが大臣告示と戒厳命令を主張しても一切はむだです、泥棒が忠孝仁義を説く様なものです。

北、西田両氏を救うには、此の点を充分に考えて作戦を立てねばならんと思います。即ち軍部の云い分である所の「青年将校を煽動し勅命に抗せしめたるは北、西田なり」に対して、こちらはアク迄も「奉勅命令は下達せられず、下達せざる命令に抗すると云う理窟なし、抗せざる青年将校に対し抗したりと発表せる軍閥と重臣の、陛下と国民に対する責任を問う」と攻撃してゆかねばならぬと思います。

「奉勅命令に抗したりや否やと云う問題は、司法問題としては大した事はない、それよりも反乱をしたと云うことが大事な問題だ、だから奉勅命令については、吾々（法ム官）は力コブを入れてしらべる必要はない、吾々の必要なのは反乱の事実だ」と云うのが、法務官の云い分でありました。然しコレハ軍部の極めてズルイ遁辞です。奉勅命令を問題にされると、軍部はタマラない立場におかれるからです。

すべて道はローマに通ずではありませんが、すべての問題は奉勅命令のインチキから発しているのです。ですから、その出発点のインチキを先ず第一に攻撃せねばなりません。

これが為には川島、香椎、山下、村上等を俎上《そじょう》にのぼせねばなりません。

これを俎上にのぼすことが、寺内を危地に陥し、湯浅を落すことになるのです。

世間でも、刑務所内の同志でも、唯感情的に寺内をウランだりしている風がありますが、唯寺内だけをウランでも駄目です。

奉勅命令と大臣告示と警備命令（戒厳命令）をシッカリと認識して、二月事件当時にさかのぼって堂々と理論的に攻撃し、国民の正義心に訴えて軍部そのものをヤッツケる事をせねばならんのではありますまいか。

＊

或る法ム官が私に「青年将校はエライ、こんな人達を殺すのは惜しい。実は下士官兵を罰しない事にしたので、青年将校を殺さねばならなくなった」ともらしました。然り然りです。川島、真崎、香椎、山下等を罰しない事にして北、西田を殺さんとしているのですぞ。

三、四附記しておきます

一、所謂奉勅命令はとうとう下達されませんでした。私は今でもその命令の内容をよく知らない位です。日本一の大事な命令が、とうとう下達されないで始末（ママ）ったのです。二月二十九日午後、私共が陸軍省に集った時、幕僚等が不遜な態度をとって国賊呼ばわりをしましたので、たまりかねて「何ダッ、吾々が何時奉勅命令に反抗したか、奉勅命令は下達されもしないではないか、下達されない命令に抗するも何もあるか」と云いましたら、一中佐が「アッそれはしまった。下達されなかったのか。これはしたり」と云って色をかえたのです。

＊　＊

二、無能無智なる法ム官〈検察官〉が吾々に対する論告の時、日本改造方案〈法案〉には皇室財産を没収するとかいてあるから国体に容れずと称し、又、私有財産百万円限度は結局私有財産を認めない共産主義に落ちるのだと曲言しました。私は「皇室財産没収ニ非ズ、下附ナリ」「私有財産ハ確認セザルベカラズ」と著者は断言している等と云いて、改造方案については、法ム官の不明をヒドクナジリましたが、彼等は言を曲げて、曲げて、ヒンマゲて、西田、北両氏をオトシ入れようとしたのです。

三、法務官等は方案をソシャク〈咀嚼〉する頭をもっていません。幕僚は一ガイ〈概〉に方案を民主主義だと云いハルノデス。そのクセ彼等の戦時統制経済思想は、反国体的なおそる可き思想なのです。ですから、どうしても思想的に一大鉄槌を幕僚等に加える必要があるのです。

四、満井中佐、求刑十年。大蔵大尉、同八年。ササ木大尉、同七年。末松大尉、同七年（志村、杉野中尉、六年、五年）、福井幸、加藤春海、杉田氏等各々五、六年とかの事です。

菅波大尉は公判中ですが、どうもアヤシイです。ひどい事になりはせんかと思います。

五、目下、真崎御大はサキ坂〔勾坂春平〕？　法務官（少将相当）と対戦中らしく、数日前は相当にひどく激論したらしくあります。真崎の云い分は「我輩は責任なしと云わざれども、我輩より当時の陸軍大臣以下の当局者の責任の方を先にしらべる可きだ。大臣告示に関しては川島はじめ軍の長老たる全軍事参議官の責任ではないか、寺内も当然に責任を負う可き也」となかなかいいところを突いている様です。真崎御大があく迄全軍事参議官の責任を主張して進めば、寺内だってたまらなくなるのです。もう一息です。遺憾な事は、刑ム所内の戦は如何に有利でも、すべて暗に葬られてしまうことです。

六、真崎御大がどこ迄も川島及全軍事参議官の責任を突いて進んでゆけば、川島は「大臣告示に於いて青年将校の精神行動を認めたのだ」と云わざるを得なくなる筈です。川島がたったこの一言をはけば、すべては我が勝利になるのです。寺内は川島の此の一言によってたおれます。何故なれば、大臣告示は青年将校を認めたものであるのに、認めたるものに非ず、単に説得案なりとして、死刑をしてしまったのですから。

然らば川島に此の重大なる一言をはかせる為には、如何にすればよいかとの問題が残ります。それは、

①真崎にアク迄も川島の責任をとわすこと。

②川島を告発すること（有力なる政治家及有力なる軍人＝例えば真崎勝治《（次）》将軍）。

＊　＊

右の事がうまくゆけば北、西田両氏は全くの無罪になるのですがね。

七、寺内と共に湯浅（当時の宮相）をたたかねばいけないと思います。それには次の様な方法もよいと思います。

宮内大臣は三月一日、青年将校を「大命に抗したり」と云う理由で免官にしました。所が公判でよくしらべられた結果、「大命に抗したのではない」と言うことが明らかになっているのです。大命に抗せざるものを抗したりとして、上御一人をアザムキたる専断を攻撃すべきと思います。

この事が特に重要である理由は、北、西田が青年将校を煽動して大命に抗せしめたのだと云うのが、敵の云い分であるからです。戒厳司令部から三宅坂附近を警戒せよと命令されていたから、最後迄頑張っていたのです。しかし最後迄、所謂奉勅命令は下達されなかったのです。軍部の奴は自分が奉勅命令を下達しなかったことは、たなにあげて北、西田が煽動したと云うのです。

八、所謂謀略命令について。

軍部が青年将校の行動を認めたことは確かです。認めたからこそ、三宅坂附近一帯の地区を警備させる威厳命令を下したのです。

然るに奴等は、戒厳命令は青年将校の行動を認めたから下したのではない。青年将校を静まらせる為に謀略的に命令を下したのだと云うのです。命令に謀略があると云うならば、皇軍は全くみだれてしまうのです。すべての命令がカケヒキを有しているならば、命令の権威はなくなり、命令に服従するものはなくなります。これは恐るべき皇軍の破カイです。軍を毒するは青年将校に非ずして、軍中央部の奴等ではありませんか。

しかもおそれ多くも天皇宣告の戒厳、その戒厳の戒厳命令が軍隊をダマス為に下されて居たと云うことになると由々しき国体上の問題です。即ち陛下の命令は謀略である、国民をダマスものであると云うことになるではありませんか。

軍中央部の国賊的幕僚共は、自分の身をのがれる為に謀略命令などと勝手なことを云って、つみを　上《かみ》陛下になすりつけているではありませんか。青年将校が統帥権干犯の賊を討ったのだと主張しました所、奴等は統帥権は干犯サレテいないと云いました。何ぞ知らんや、謀略命令と云うことそのことが統帥権の干犯され、みだれている一つの証コではありませんか。所謂謀略命令については統帥権問題で軍部をタタキつける事がいいと思います。

九、反乱罪について。

私は「吾人は反乱をしたのではない、蹶起の初めからおわり迄義軍であったのに反乱罪にとわれる道理なし。義軍であることは、告示に於て認め、戒厳軍隊に入れられた事によって明かになり、警備を命ぜられた事によっていよいよ明々白々ではないか」と強弁しました。所が法ム官の奴等は、「君等のシタ事は大臣告示が下る以前に於て反乱である」と云うのです。これはおもしろいではありませんか、私は次の様に云って笑ってやりました。「左様ですか、これは益々《ますます》おもしろい、大臣告示が下達される以前に於て国賊反徒であると云うことがそれ程明瞭であるのに、なぜ告示を下し、警備命令を与えたのです。国賊を皇軍の中へ勝手に入れたのは誰ですか、大臣ですか、参謀総長ですか、戒厳司令官ですか、国賊を皇軍の中に　陛下をだまして編入した奴は、明らかに統帥権の干犯者ではないか」と、そしたら法ム官の奴は「何しろ中央部の腹がきまらんからねェ、君」と云ってウヤムヤに退却をしました。この事は公判廷に於ては特に強くやりました。所が裁判長の奴、私がチチブの宮様の事を云うたことにカコツケて、「言葉がスギル」と云うて叱りつけるのです。奴等は道理に於てはグウの音も出ないのですが、権力をカサにきてムリを通すのです。

一〇、維新大詔案について。

維新大詔案は二月二十八日、幸楽へ村上大佐が持参して見せました。そもそもこの大詔案は荒木陸相当時に出来、それを林大臣に申し渡して現在に及んだものらしくあります。この事は真崎御大が証言しています。

然るに、此の大詔案に関して村上大佐（当時の軍首脳部の相談により定ったる言いのがれならん）は、維新大詔案は自分は知らない。自分の知っているのは軍人が政治運動に関係するのがよくないから、大詔を仰ぎたいと思っていたので、それの事を間違えたのだろうと云う様な、みえすいたうそを云っています。

一一、大臣告示について。

大臣告示が宮中に於て出来た時の情況は、大体先般大沢先生のところへ出しておいた書きものの中にあるとおりです。二た通りあるのですが、

「諸子の行動は国体の真姿顕現にあるものと認む」と云うが第一案です。所が奴等は色々ごまかす為に、大臣告示は三ツ出ていると云うことを云い出して、告示などは無価値なりと云いのがれをしているのです、用心々々。

*

最後に申しますことは、真崎が不起訴になると北、西田両氏の為にはすこぶる不利です。川島が告発され起訴されたら、両氏が無罪になる所に迄事件が発展すると云うことです。私は信じています。どうぞ両先生のことをたのみます。私のヤッタ事、ヤリツツあることは、手段としては下手なことであるかもしれません（真崎告発については同志からも色々のことを云われました、誤解もされました）が、両氏をすくいたい一心です。

*

衷情御くみとり下さって、此の文を参考にして下さい。日本には天皇陛下が居られるのでしょうか。今はおられないのでしょうか。私はこの疑問がどうしても解けません。

*

北、西田両氏の如き真正の士と同志青年の様な真個の愛国者をなぜ、現人神《あらひとがみ》であらせられる天皇陛下が御見分になることが出来ぬのでしょうか。

＊　＊

陛下はなぜ寺内の如き、湯浅の如き、鈴貫の如きをのみ御愛しみになり、御信じになり、塗炭に苦しむ国民と、忠諫に泣く愛国者を御いつくしみにならないのでしょうか。

＊　＊

私は断じて死にません。川島と香椎と而して全軍部を国賊にするか、死せる十八同志の生命をかえしてもらうか、二つの中一つをとらぬ内は断じて死にません。屁古《へこ》たれるものですか、どこ迄もやります、大日本の為にどんな事があっても、二先生と菅波三郎君を殺してはなりません。

どうぞどうぞたのみます。

＊　＊

二先生方の為なら、私はどんな事でもします。どんなぎせいにでもなりますから、先生方をたのみます。

獄中手記（二）

極秘（用心に用心をして下さい）

千駄ヶ谷の奥さん〔西田税夫人〕から、北昤吉《れいきち》〔北一輝実弟〕先生、サツマ〔薩摩雄次〕先生、岩田富美夫先生の御目に入る様にして下さい。

万々一、ばれた時には不明の人が留守中に部屋に入れていたと云って云いのがれるのだよ（読後焼却）

北、西田両氏を助けてあげて下さい

決してアキラメてはなりません、私は、神仏冥々《めいめい》の加護が北、西田両氏の上に炳《へい》としてかかっていることを確信して居ります。両氏を見殺しにする様な日本国でも神々でもないと信ずるのです。この確信のもとに、いささかの意見を陳べます。これを参考として、皆様の御交際方面の国士有士を総動員して、御活動の上、両氏を御助け下さることを祈ります。

イ、北、西田両氏は二月事件には直接の関係はちっともありません。この事は青年将校一同も、その予審及び公判に於て極力主張しましたので、殆んど全部の法務官が之を認めているのです。一部の法務官は北、西田の立場は最も同情すべき立場だと云って、少なからぬ同情をさえしていたのです。然るに両氏に死刑を求刑する様な事になったのは、軍の幕僚どもが権力のかげにかくれて、どさくさまぎれに殺してしまえと云って、横車を押しているからです。或る法務官は私に、北、西田が事件に直接の関係のない事は明かだが、軍は既定の方針にしたがって両氏を殺すのだと云う意をもらしました。

まるで無茶です。神聖公平なる可き陛下の裁判権を軍がサン奪して、軍の独断独裁によって陛下の赤子を無実のつみで殺してしまうのです。

こんな言語道断なことが、陛下の名に於て行なわれているのです。国体も糞もあったものでありません。

こんなわけですから、何とかしてこの軍の横暴を公表バク露して、天下の正義に訴えて、北、西田両氏を救う方法をとっていただきたいのです。

軍の横暴をバク露することは、今の軍部の最もいたみとする所です。

ロ、右の言論戦と同時に、隠密に、或は公然にする所の政治的工作によって、上御一人の上聞に達する様に御尽力下さる事が最も肝要な事と存じます。

今となっては、上御一人に直接に御すがりするより他に道はないと思います。(既に充分に手を御つくしになって居られる事と信じますから、くどくど敷く申上げません)

ハ、第三に申上げることは、反間苦肉の策であるかもしれませんが、一つの方法と信じます。それは、川島前陸相、香椎中将(事件当時の戒厳司令官)、堀中将(事件当時の第一師団長)、山下少将(事件当時の陸軍省調査部長)、村上大佐(事件当時の軍事課長)、小藤大佐(第一聯隊長)、真崎大将、の七氏を叛乱幇助罪で告発することです。

この告発が有力な政治家によってなされた場合には、寺内軍政権は非常なる動揺を生じます。私は既に去る六月、前記の諸官及他の数氏合せて、十五名を告発して居ます。私の告発によって、軍がどれ程窮地に立っているか不明ですが、二、三方面から、私に告発取り下げを勧告した所をみると、相当に軍はこまっていると思います。私の告発理由は同志、特に北、西田両氏を救うにあったのです。

多くの青年将校を、死刑にせねばならない様な羽目に落し入れたのは、勿論《もちろん》ですが、筆頭に揚ぐ可き人物は、川島陸相外前記の人です。これ等の人が軍の当局者として、三月一日発表した所の「青年将校大命に抗したり」の一事が、爾後に生ずるすべての問題の解決のかぎになってしまったのです。即ち、明らかに青年将校の行動を認めたる大臣告示を説得案なりと変化させ、又青年将校の行動を認めた上で下達した戒厳命令を、謀略命令なりと遁辞を設けさせる、に至らしめたのは、すべて川島を頭にする軍幕僚が宮内省方面と結托してなしたる所の「大命に抗したり」の発表に因を発しています。

既に青年将校大命に抗したりと云う発表をした以上は、大臣告示と戒厳命令は共に、青年将校の行動を認めたるものに非ずとせねば、軍全体が青年将校と共に国賊にならねばならぬ羽目になってしまったのです。これはたまらんと気のついた軍部はアワテ、フタメイテ遁げ始めました。川島も、荒木も、山下も香椎も堀も小藤も村上も、アワテ切って遁げてしまって、つみを青年将校と改造方案と北、西田両氏になすりつけてしまったのです。実際、前記諸氏の証人としての証言をみますと、全くひどいですよ。スッカリ青年将校になすりつけています。比較的硬骨な真崎すら、弱音をはいてしまっているのです。これでは青年将校は勿論、北、西田両氏迄殺さる様になると推察致しました私は、私共の求刑前に於て川島、真崎、香椎等の十五氏を告発し、これによって寺内軍政権を恐喝したわけです。寺内等軍政権は、初めは真崎等個人をにくむの賤しい私情によって、勢い込んで真崎を収容しましたが、真崎を起訴するとあまりに事の重大化するのをおそれて、今や非常に困っていると考えます。

真崎を起訴すれば川島、香椎、堀、山下等の将星にルイ〈累〉を及ぼし、軍そのものが国賊になるので、真崎の起訴を遷延しておいて、その間にスッカリ罪を北、西田になすりつけてしまって処刑し、軍は国賊の汚名からのがれ、一切の責をまぬかれようとしているのです。

軍部の腹の底は北、西田、青年将校を先ず処刑してしまって、誰も文句を云うものがなくなった時、真崎を不起訴にし、川島、香椎等々の将軍　否、軍全部を国賊の汚名からのがれさせようとしているのです。

この軍部の裏をかいて「川島、香椎、堀、山下、村上等は青年将校と同罪なり、大臣告示及《および》戒厳命令に関係ある全軍事参議官も亦同様ならざるべからず」と攻めたて、軍部そのものを国賊にしてしまうことが絶対に必要です。之が為に先ず、川島等を告発しそれと同時に天下の正論に訴えてゆくと、此処に必ずや北、西田両氏を救う事の出来る新生面が生ずるを信じます。

国家の為めに軍のインチキをバク露打破して、両氏を御救い下さい。

一寸考えると川島、山下、香椎、真崎等を告発することは、同志討ちの様に思われますけれども、決して左様なことはありません。此の告発によって、結局困って来るのは寺内等現軍首脳部です。一度び告発問題がやかましくなったら、必ずや寺内軍政権はたおれねばならなくなると確信します。

寺内の倒れることとは、湯浅等重臣の足場がぐらつく事ともなりましょう。告発の方法時機その後の作戦等は考究を要しましょうが、小生や村中を証人とし、証拠書類は大臣告示、戒厳命令、奉勅命令だけで充分です。

私は今真崎に対し、川島、香椎、山下、堀、小藤、村上及び事件当時の戒厳参謀長を告発せよと云うことを、シキリにすすめているのです。真崎はまだ決心がつきませんが、何とかして真崎に決心してもらいたいと努力しています。私としては北、西田両氏を助ける為には、どんな事でもしますけれども、刑ム所内でしていることは一向に表面化されないで、暗から暗に葬られてしまいます。それで、川島等の告発問題にしましても、どうしても外部のどなたかに重複してやってもらわねば効果がないのです。こんなわけですから、小生の意中を御くみとりの上、何とかして両氏を悪魔の毒牙からうばいかえしてあげて下さい。

私はこの数ヶ月、北、西田両氏初め多くの同志の事を思って毎夜苦しんでいます。北、西田両氏さえ助かれば、少しなりとも笑って死ねるのです。どうぞどうぞ、たのみます、たのみます。

一言附記しておきます事は

① 真崎を不起訴にする様に運動している御連中がたくさんいる様ですが、私はこれに対しては非常に反感をもちます。真崎はたしかに吾々に対して同情して、好意的に努力して

呉れた人です。ですから、真崎個人に対して感謝もしますけれども、吾々同志が義士か国賊かと云う問題を決定する為には、真崎が義士か国賊か、川島その他軍首脳部の諸官が国賊か否か、而して真崎と如何に関係深かりしかを決定せねばならぬのです。

吾々が国賊ならば、当然に真崎と川島とその周囲の人は国賊である筈です。彼等が法の制裁をうけないならば、吾人も当然法の制裁を受けない筈です。二月事件に戒厳命令を発したでもなく、大臣告示を発したるにもあらざる北、西田両氏の如きは、当然も当然も当然すぎる程に制裁のケン外〈圏外〉にある筈です。

吾々青年将校は、北さんの戒厳命令により、或は西田氏の大臣告示によって行動したのではないのですぞ。

陸軍の親玉からもらった命令によって動作したのに、命令を発した人は罰せられずに、命令を受けた人が殺されたり、全く命令や告示の圏外にあった人が死刑を求刑されるのです。こんなトンチンカンなベラボウな話はありません。どうしても話のすじ道を通す為には、真崎を起訴し、川島、香椎、堀、山下、村上等が起訴され、勅裁経て陸軍大将の裁判長を定めて黒白を明かにせねばならんのです。而してこれをすることは、実に寺内等を窮地に追い込む第一弾になるのです。然るに真崎の不起訴を策動する人物の如きは、同志を犬死にさせたり、見殺しにさせたりする所の不とどき至極の奴輩です。

② 大蔵大尉以下数名の同志は、不起訴になることにきまっていて、前日夕方迄は出所の

準備をしていたのですが、陸軍省の幕僚が横車をおしてムリヤリに起訴してしまいました。③　香椎、川島等五名の者は、予審にかけることに決定していて、法務官は刑務所に収容する様になるだろうと云っていたのに、何時の間にやらウヤムヤにしてしまったのです。

朝野の愛国者の方々、御願い申上げます。維新の敵軍閥を倒して下さい。既成軍部は軍閥以外の何物でもありません。寺内も杉山も川島も荒木も、その他一切の軍人は悉く軍閥の家の徒です。どうぞ彼等を根こそぎに倒して真の維新を実現さして下さい。私はどこ迄もやります。

獄中手記（三）

一、北、西田両氏の思想

新井法務官が七月十一日、安田優君に云ったのです。「北、西田は二月事件に直接関係は無いのだが、軍は既定の方針にしたがって両人を殺してしまうのだ」と云うことを申しました。軍部が彼等の自我を通さんが為に、ムリヤリに理窟をつけて　陛下の赤子を勝手に殺すのです。出鱈目《でたらめ》とも無茶とも云う言葉がありません。軍の既定方針とは何でしょうか。かねてより軍部は、北、西田を軍の攪乱者と云いふらし（陸軍省より全軍に布告したることあり）、又両人の思想は民主主義であって国体に容れないと宣伝し（昭和八年十月頃、憲兵司令部発行の思想イ〔彙〕報に於て全軍に宣伝したり）、アリト、アラユル手をつかって両氏をたたきつけて来ました。然るに、改造運動に於ける両氏の思想的地位はローコ〈牢固〉として抜くことが出来ず、却って陸軍省アタリのインチキ改造思想を圧倒してまいりまして、青年は常に時代の先覚者であります。でありますから、若くて鋭敏な頭脳と、私心がなくて、ものを正観する能力とを有する全国青年将校が、陸軍中央部アタリの云う改造思想と北、西田両氏の思想信念との比較をして、その正しきものに共鳴したのは当然の帰結であったのです。此《か》くして、全軍の青年将校は国体の正しき理解のもとに、建軍精神に基《もと》づく国軍の粛正と国家の維新とを実践するに至りました。そしてその結果、青年の火の如き熱情は軍隊に於ては下士官、兵の愛国心に点火し、私心劣情の上長に向っては非違を諫争し、中央首脳部に向っては正論を持して献言する等、なかなかに止めることの出来ぬ勢いを呈して来たのであります。斯の時代の潮流に押しつけられて苦しまねばならぬものは、無能なる上長と前世紀的頭脳の上級軍人と、徒らに洋行がえりを鼻にかける中央部幕僚等とであったのであります。彼等は口を揃えて、軍の統制と云うことを云い出したのです（永田鉄山君は最も努力した一人）、所が月に新たにして日に新たなることを求める青年等は、彼等の云う逆進的統制に服することは出来ませんでした。それで軍内は益々ガタピシ、ガタピシして来ました。

彼等が多くカイゼル時代のドイツ軍人の型を真似、それに近代的ヒットラーの思想傾向を以て、遮二無二《しゃにむに》に統制をしようとしたので、国体顕現に生命を賭する青年将校とは、どうしても一点相容れぬ所があったわけであります。此処に於て、彼等は所謂抜本塞源《ばっぽんそくげん》を軍の方針として、北、西田両氏をつけねらう様になったのです。法務官の所謂「軍の既定の方針に従って殺す」云々は、永田時代に統制派幕僚等が作為した勝手極まる独断的方針で、断じて皇軍の方針でなく、皇軍の御統率者たる　天皇陛下の御聖旨にもとづく軍の方針ではないのです。

ヒットラー流ドイツ式統制の幕僚等が、真の愛国者、国体精神の体現者たる両氏を「皇軍の方針」の名の下に殺そうとしているのです。（看守長の監視ウルサク、思う様に筆進マズ）彼等は、改造方案は民主主義だ、国体に容れない、等々愚劣極まる評をしておりますが、両氏の思想は断じて正しく、歴史の進化哲学に立脚せる社会改造説、日本精神の近代的表現、大乗仏教の政治的展開であって、改造方案の如きは実に日本国体にピッタリと一致しております。否我が国体そのものを国家組織として、政経機構として表現したものが、日本改造方案であるのです。決して、外来の社会主義思想でなく、又米国に露国に見る如き民主、共産思想でもないのです。北氏は著書「国体論」に於て「本書の力を用いたる所は所謂講壇社会主義と云い、国家社会主義と称せられる鵺《ぬえ》的思想の駆逐なり」と云い、又「著者の社会主義は固《もと》よりマルクスの社会主義と云うものにあらず、又その民主主義は固よりルソーの民主主義と云うものに非ず」と云いて、先覚者的大信念を以て「国家、国民主義なり」と断じております。而して国民主義については、「国家の部分をなす個人が、其の権威を認識さるることなく、国民主義なるものなく」「権威なき個人の礎石をもって築かれたる社会は奴隷の集合である」と云いて、自覚せる国民、自主的国民を以て国家主義については、「世界聯邦論は聯合すべき国家の倫理的独立を単位としてのことなり」と云いて、人類進化の単位をどこ迄も国家として徒らなる世界協調主義をたたきつけているのです。更に改造方案に於ては、「若し此の日本改造方案大綱に示されたる原理が、国家の権利を神聖化するをみて、マルクスの階級闘争を奉じて対抗し、或は個人の財産権を正義化するを見て、クロポトキンの相互扶助説を戴きて非議せんと試むる者あるならば、それは明らかにマルクスとクロポトキンの方が著者よりも馬鹿だから、てんで問題にならないぞ」と云って、欧米思想の中軸たり近代改造思想の根幹たる二つのものに対して、烈々たる愛国的情熱を以て国家の権利の神聖を叫んでおります。又曰く「国内に於ける無産階級の闘争を認容しつつ、独り国際的無産者の戦争を侵略主義なり軍国主義なりと考うる欧米社会主義者は、根本思想の自己矛盾なり」「国際間に於ける無産者の地位にある日本は、彼等（英露）の独占より奪取する開戦の権利なきや」等、飽く迄直訳社会主義、民主主義、共産主義等の非日本的なるものと戦い、日本精神の新たなる発揚、日本国体の真姿を顕現せんとしているのです。北氏が改造方案の結論に於て、「国境を撤去したる世界の平和を考うる各種の主義は、全世界に与えられたる現実の理想ではない。現実の理想は何れの国家が世界の大小国家の上に君臨するかと言うにある。日本は直訳社会主義、民主主義、共産主義などの愚論にまよっていてはならぬ」と云い、神の如き権威を以て「日本民族は主権の原始的意義統治権の上の最高の統治権が国際的に復活して、各国家を統治する最高国家の出現を覚悟すべし」と云って居る所は、正に我建国の理想たる八紘一宇の大精神を、現日本に実現せんとする高い愛国心のあらわれであるのです。

以上述べました通りに、北氏の思想は決して所謂民主主義思想ではないのです。然るに思想的に無能なる幕僚、法ム官などは、民主と云う字が改造方案にあるから民主主義だと云い、北、西田の思想に影響されているから、青年将校は民主革命を強行せんとしたのだと云い張って、どうしても私共の真精神を受け付け様としないのです。ですから、青年将校に対する求刑論告文には北、西田等の思想によって民主革命を強行せんとし云々、となっていたのです。私共は此の論告をきいて痛憤し、悲涙をしぼりました。公判廷に於て弁論の僅《わず》かなる機会をあたえられた時、同志一同は民主革命を強行せんとしたのではない、と言う陳述の為に必死になりました。真に必死に訴え、願い、しました。（閣下どうか御察し下さい）

ロンドン条約以来、統帥権の干犯されること二度に及んでいるので、たまり兼ねて、大義の為め、股肱としての絶対道を進んだ純真な青年将校の行動を、民主革命強行の六字で片付けられた時の悲憤は、ほんとうに言葉にあらわせません。此の時から、既に陸軍は、軍部の責任たる青年将校の蹶起を北、西田両氏の罪也として、両氏に一切の罪、責任等をなすりつけて死刑にする方針をたてていたのです。

私共の必死の弁駁《べんばく》によって、渋々民主革命強行の字句を取り除きました所の判決文に於ては矢張り、北、西田氏を殺す為めに、「絶対に我が国体に入れ《（ママ）》ざる思想」と云う文句を頑として入れているのです。

そして彼等は、改造方案の私有財産限度は、段々限度を低下すると共産主義になるから国体に入れないと云い、皇室財産を没収すると書いてあるから国体に入れぬと云い、天皇が国民の総代表と書いてあるから国体に入れぬと云い、ことごとく故意に曲解し、無理に理窟つけ、甚だしきは嘘八百を云って判決をしてしまったのです。

私有財産については、北氏は「私有財産を認むるは、一切のそれを許さざらんことを終局の目的とする諸種の社会革命説と、社会及び人生の理解を根本より異にするを以て也」と言い、「私有財産を尊重せざる社会主義は、如何なる議論を長論大著に構成するにせよ、要するに原始的共産時代の回顧のみ」と言い、「私有財産を確認するが故に、尠《すこ》しも平等的共産主義に傾向せず」と云い、「此の日本改造方案を一貫する原理は、国民の財産所有権を否定する者に非ずして、全国民に其の所有権を保障し享楽せしめんとするにあり」等、至る所に、重ね重ねて、私有財産を確認せねばいけないと云うことを云っております。又、その限度については、「最少限度の生活基準に立脚せる諸多の社会改造説に対して、最高限度の活動権域を規定したる根本精神を了解すべし」と云って、限度を低下さしてはいけない。此の限度は国富と共に向上させる可き性質のものであることを明言して居ります。法務官等の云う、限度を低下すると共産主義になる等は、出鱈目も甚だしい悪意の作り事であります。

皇室財産については没収等云う字句は断じてないのです。下附と明記して居ります。「天皇は国民の総代表たり」と云うことが国体に容れない、と云う我帝国陸軍の法務官及び幕僚は、国民の総代表が何人であったら国体に容れると云うのでしょうか。徳川家康がいいのか、源頼朝がいいのでしょうか、或は米国の如き投票当選者がいいのでしょうか。

北氏は、大日本国民の総代表は天壌《てんじょう》無《む》窮《きゅう》に天皇であらせられるのに、中世に於ては頼朝、尊氏の徒が、近世に於ては徳川一門が国家を代表して居た。此の如きは我が国体に容れざる許すべからざる事である。明治維新以後の日本に於ては、中世の如き失態をくりかえす様な事があってはならぬ。又、近年欧米の社会革命論を鵜《う》呑《の》みにした連中が、無政府主義をとなえ、天皇制の否認をなしなどして居るが、そんな馬鹿気た事に取り合ってはならぬ、といましめています。

「国民の総代表が投票当選者たる制度の国家が、或る特異なる一人たる制度の国（日本の如き）より優越なりと考うるデモクラシイは、全く科学的根拠なし。国家は各々《おのおの》其《そ》の国民精神と建国歴史を異にす」と云って、方案著述当時の滔々《とうとう》たるデモクラシイ思想に痛棒を喰わしています。又「米国の投票神権説は、当時の帝王神権説を反対方面より表現したる低能哲学なり、日本は斯《かか》る建国にも非ず、又斯る低能哲学に支配されたる時代もなし」と云って、投票当選による元首制を一笑に付しているのです。恐らく法ム官は、総代表即投票と考えたのでしょうが、然りとせば、軽卒無脳〈無能〉のそしりをまぬかれません。又、国体に進化があるなどと云うことはけしからぬと云うのが彼等の云い分ですが、これはあまりに馬鹿気たことで、殆んど議論にもなりませんから、説明をやめておきます。

要するに、北氏の思想は、決して所謂社会主義でも民主主義の思想でもありません。高い国家主義、国民主義の思想であります。而して天皇皇室に対し奉っては熱烈な信仰をもっております。実に日本改造方案全巻を貫通する思想は、皇室中心尊皇絶対の思想で、これは著者の大信念であるのです。北氏が方案の緒言に於て、「天皇大権の発動を奏請し、天皇を奉じて国家改造の根基を完うせざるべからず」と云い、又、巻頭第一頁に於て、「天皇は……天皇大権の発動により三年間憲法を停止し、両院を解散し全国に戒厳令を布く」と云って居るのは、日本の改造は外国のそれと根本的にちがい、常に天皇の大号令によってなさるべきであることを明確にし、諸種の改造論者と雑多な革命論に対して、一大宣告をしているのです。国家改造議会の条に於て、「国家改造議会は天皇の宣布したる国家改造の根本方針を討論することを得ず」と云っているのも、巻八の末尾に於て「天皇に指揮せられたる全日本国民の運動によって改造をせねばならぬ」と云っているのも、凡て北氏の信念であります。氏の日常「自分は祈りによって国家を救うのだ」「日本は神国である」「天皇の御稜威に刃向うものは亡ぶ」等々の言々句々は、すべて天皇に対する神格的信仰のあらわれであります。

昭和六年十月事件以来の軍部幕僚の一団の如き「軍が戒厳令を布いて改造するのだ」「改造は中央部で計画実施するから青年将校は引込んでおれ」「陛下が許されねば短刀をつきつけてでも云うことをきかせるのだ」等の言辞を平然として吐く下劣不逞なる軍中央部の改造軍人と、北氏の思想とを比較してみたら、何れが国体に容れるか、何れが非か是か、容易に理解出来ることです。軍が二月事件の公判を、暗闇の中に葬ろうとしているのは、北氏の正しき思想信念と青年将校の熱烈な愛国心とによって、従来軍中央部で吐きつづけた不逞極まる各種の放言と、国体に容れざる彼等の改造論をたたきつぶされるのがおそろしいのが有力な理由であります。

重ねて申します。北、西田両氏の思想は断じて正しいものであります。

二、北、西田両氏の功績

両氏は前述しました様な思想信念に立って、大正、昭和の思想的国難時代に於て、国体擁護の為に献身的努力をして来た人であります。学界も政党も国務大臣も、共産主義、社会主義の為めに魅了せられて、国家はあげて左方へ盲進せんとしました。

此の時代に於て、熱烈火の如き愛国心と堂々たる国体理論とを以て、日本主義思想界を指導して左翼理論に挑戦、之を攻撃し打破したのは、北、西田両氏であります。左翼理論が華やかであった頃の右翼浪人は、徒《いたず》らなる暴力団でしかありませんでした。此の暴力団に思想を与え、信念を与え、理論を教え、実行を奨めたのは実に「日本改造方案」以外にはありません。

軍隊は左傾思想に災いされなかったかと云えば、決して然らずであります。私の知っているだけでも、それは恐ろしい程に、軍内は左翼思想でかきまわされました。幼年学校、士官学校の生徒で、左翼思想にかぶれて退校になったものは、相当にあります。将校中からも相当に左傾したものがあります。下士官兵中にあったのは勿論です。初度巡視の師団長でさえ、共産主義にもいい所があるからねエと云う訓話をする程でした。軍隊の上長官あたりの少し小才のきいた者は、安雑誌の社会主義、共産主義理論をうけうりして、新思想を小鼻にかけたものです。青年将校の下宿には一様に、〇〇社会主義理論と云った様な、洋とじの本が書棚をかざっていたものです。大山郁夫、佐野学、鈴木文治等が、演壇に議会に活歩〈闊歩〉して、国民の英雄をもって歓呼せられた時代ですから、軍隊だけが独り左傾しなかったとは決して云えないのです。ほんとうにとうとうたる潮流をなして、日本の朝野を洗い流そうとさえしました。

此の潮流の中から、軍隊を救ったものは西田氏の功、亦大いなるものがあります。西田氏によって与えられたる国体信念を以て、多数青年将校が軍隊に健在勇闘したのです。

特に、統帥権干犯問題の時には、必死的な努力をしております。軍部大臣はじめ中央部の軍人の大多数が、浜口内閣に向って一矢もむくゆることをし得ない時に、民間の一国民に過ぎぬ西田氏が決死的活動をした事は、その愛国的奮闘に対して、軍部は大いに感謝せねばならぬ筈です。又、国際聯盟脱退の時、愛国団体の奮起を促し、元老重臣の重囲におちていた荒木陸相等、軍部の強硬派を支持して、終《つい》に脱退させたのも亦氏等の奮闘の結果でありました。

数え来たれば実に多くのかくれたる功績を立てております。政府の役人や軍人とはちがい、一国民として自由な立場に於てする愛国運動には、役人仕事では到底出来ない大きな部面があると云うことを知ってもらえば、両氏が国家の為にどれ程大きな功績を立てているかと云うことがわかると思います。

三、北、西田氏と青年将校トノ関係

軍部の幕僚が「北、西田が青年将校を煽動する」と云うことを、云いふらしています。以っての外の雑言です。青年将校は煽動される程、馬鹿でも子供でもありません。青年将校の行動を煽動された結果だとすることは、其の殉国的行動を気狂い沙汰にし、馬鹿扱いにすることで、それは純忠な青年将校に甚だしい侮辱を加えるものです。又「青年将校は純真だから煽動される」等申しますが、そんな馬鹿気た理窟はありません。青年将校は純真ですから、幕僚の煽動にも敢然として抗し、遂に十月事件を不発に終らしめたのです。真に純真な者のみは、如何なる煽動にも、如何なる威武にも富貴にも屈しないのです。どうか此の心理を理解して下さい。此の心理を理解せずに、煽動の二字で簡単に片付けられてしまうことは、青年将校と北、西田氏の為に、余りに残酷ではありませんか。法務官は「五・一五の海軍被告が、西田は慢性の煽動家だ、西田なんかに煽動されるものか、と云っているから、西田は煽動家だ、陸軍の青年将校は煽動されたのだ」と云って、私共が西田氏の為めに如何に弁護しても、テンデ受けつけて呉れませんでした。五・一五の海軍被告の云った事は間違っています。海軍の連中は牧野と密約せる大川氏と関係が探かったので、陸軍の青年将校も、西田氏も、海軍の諸君にそれとなく注意していたのです。こんな関係でありましたから、五・一五の時には、海軍諸君を引き止め様ともしたのですが、両者の誤解からあんな結果になってしまったのです。

その為めに西田氏は、如何にも煽動家の如く見られてしまいました。私は海軍被告の云った、西田は慢性の煽動家だと云う言葉は、海軍士官の強固な信念を表していると思って、海軍の同志に敬服している点がある位ですのに、世間では此の言葉を、西田氏の事にばかり取っております。西田氏の為に誠に気の毒です。

海軍士官の腹のどん底は、「吾々は煽動されて五・一五を決行したのではない、信念にもとづいてやったのだ」と云うことを云いたかったのです。信念に基いてやった事を煽動されたのだと云われる時は、信念の強い人程、怒るのです。海軍の同志も怒りの余り、西田なんかに煽動されるものかと云い、西田は煽動家だと失言したのです。此の心理を理解して下さい。吉田松陰も此の心理に帰一することを、獄中記に云っています。海軍被告の言は決して、法務官の言の如く、西田氏が煽動家であると云う意味ではありません。

煽動では純真な人は動きません。人を動かすのは至誠です。北、西田両氏は愛国至誠の士です。

青年将校の改造思想は、改造方案によって植え付けられたと考え、官憲は徒らに北、西田氏をねらっています。特に陸軍の中央部の御連中は、両氏を目の仇にしています。けれども、青年将校の改造思想は、その本源は改造方案や北、西田氏ではありません。大正の思想国難時代に、これではいけない、日本の姿を失ってしまうと云う憂国の情が、忠君愛国の思想をたたき込まれている士官学校、兵学校、幼年学校の生徒の間に勃然として起ったのです。そして此の憂国の武学生が、任官して兵教育にあたってみると、兵の家庭の情況は全く目もあてられない惨憺たるものがあったのです。何とかせねばならぬと真面目に考え出して、国家の状態を見ると、意外にひどい有様です。

政党、財閥、軍閥の限りなき狼藉の為めに、国家はひどく喰い荒されている。これは大変だ、国家を根本的に立て直さねば駄目だと気が付いて、一心に求めている時、日本改造方案と北、西田氏が在ったのです。

両氏の思想が、我が国体顕現を本義とする高い改造思想であって、当時流行の左翼思想に対抗して毅然としている所が、愛国青年の求めるものとピッタリと一致したのでありま す。左様な次第でありまして、要するに、青年将校の改造思想は、時世の刺激をうけて日本人本然の愛国魂が目をさました所から出て来ておるのであります。ですのに官憲は、北、西田と改造方案を弾圧禁止することにヤッ気〈躍起〉になっています。これは大きな的はずれです。為政者が反省せず、時勢を立てかえずに北、西田を死刑にした所で、どうして日本がおさまりますか。

北、西田を殺したら将来、青年将校は再び尊皇討奸の剣を振うことはないだろうと考えることは、ヒドイ錯誤です。

青年将校と北、西田両氏との関係は、思想的には相通ずるものがありますけれども、命令、指揮の関係など断じてありません。ですから、青年将校の言動は悉く愛国青年としての独自のものです。此の関係を真に理解してもらいたいものです。北、西田が青年将校を手なずけて軍を攪乱すると云う事を、陸軍では大きな声をして云います。此んなベラ棒な話はありません。軍を攪乱したのは軍閥ではありませんか。田中、山梨、宇垣の時代に、陸軍はズタズタにされたのです。此の状態に憤激して、之を立て直さんとしたのが、青年将校と西田氏等です。永田鉄山が林と共に、財閥に軍を売らんとし、重臣に軍を乱されんとしたから、粛軍の意見を発表したのです。真崎更迭時の統帥権干犯問題は林、永田によってなされたのです。

三月事件、十月事件等は皆、軍の中央部幕僚が時の軍首脳者と約束済みで計画したのではありませんか。何を以て北、西田が軍を攪乱すると云い、青年将校が軍の統制を乱すと云うのですか。

北、西田氏と青年将校は、皇軍をして建軍の本義にかえらしめることに身命を賭している忠良ではありませんか。

四、尊皇討奸事件（二・二六）と北、西田両氏トノ関係

1　青年将校蹶起の動因

「青年将校は北、西田の思想に指導せられて日本改造方案を実現する為めに蹶起したのだ」と云ったり、「真崎内閣をつくる為めにやったのだ」等の不届至極の事を云って、ちっとも蹶起の真精神を理解し様とはせずに、彼等の勝手なる推断によって青年将校は殺されてしまいました。北、西田両氏も亦同様に殺され様としています。青年将校は改造方案を実現する為めに蹶起したのでもなく、真崎内閣をつくる為めに立ち上ったのでもありません。蹶起の真精神は大権を犯し、国体をみだる君側の重臣を討って大権を守り、国体を守らんとしたのです。ロンドン条約以来、統帥権干犯されること二度に及び、天皇機関説を信奉する学匪、官匪が宮中、府中にはびこって天皇の御地位をあやうくせんとしておりましたので、たまりかねて奸賊を討ったのです。

そもそも維新と云うことは、皇権を回復奉還することであって、陸軍省あたりの幕僚の云う、政治経済機構の改造そのものではありません。青年将校の考えは、一言にして云えば「皇権を奪取（徳川一門の手より、重臣元老の手より）奉還して、大義を明かにすれば、

国体の光は自然に明徴になり、国体が明徴になることは直ちに国の政、経、文教全てが改まるのである。これが維新である」と云うのです。考え方が一般の改造論者とひどく相違しています。法務官などは、此の精神がわからぬものですから、「オイ、お前達は改造の具体案をもっているか。何ッ、もって居ないッ。そんな馬鹿な事があるか。具体案もなくて維新とは何ダッ。日本改造方案がお前等の具体案だろう。何にッ、ちがいますゥ。嘘だ、お前達の具体案は改造方案にキマッテイる。あれを実現しようとしたのだ。ソウダ、ソウダ」こんな調子で予審を終り、公判になって、民主革命を強行せんとし……を押しつけられたのです。

藤田東湖の「大義を明かにし人心を正さば、皇道奚《な》んぞ興起せざるを憂えん」これが維新の真精神でありまして、青年将校蹶起の真精神であるのです。

維新とは具体的案でもなく、建設計画でもなく、又、案と計画を実現すること、そのことでもありません。

維新の意義と青年将校の真精神とがわかれば、改造方案を実現する為めや、真崎内閣をつくる為めに蹶起したのでない事は明瞭です。統帥権干犯の賊を討つ為めに、軍隊の一部が非常なる独断行動したのです。

私共の主張に対して、彼等は統帥権は干犯されず、と云います。けれどもロンドン条約と真崎更迭の事件は、二つとも明かに統帥権の干犯です。法律上干犯でないと彼等は云いと云うものは、法律に於て統帥権干犯に関する規定がどこにあるのですか。又、統帥権干犯などとは出来ないのです。法律の限界外で行われる事であって、法律家の法律眼を以ては見定めることは出来ないのです。これを見定め得るものは、愛国心の非常に強く、尊皇精神の非常に高い人達だけであります。統帥権干犯を直接の動因として蹶起した吾々に対して、統帥権は干犯されていないとし、北の改造方案を実現する為めに反乱を起したのだとして罪を他になすりつける軍部の態度は、卑怯ではありませんか。

2　二月蹶起直前、北、西田氏と青年将校

二月蹶起にあたって青年将校は、北、西田両氏から指令、指揮など絶対に受けておりません。思想的影響を受けていると彼等は云いますが、今日の青年将校は、改造方案を見た事もない人でも維新を語ります。維新はそれ程、時代の要求を受けているのです。今日青年将校の多くが改造運動に対して熱意をもって来たのは、陸軍省発行の改造パンフレットや切迫せる対外関係等からであります。ですから、大多数の青年将校は、北氏や改造方案から思想的な影響スラ受けておりません。近年の青年将校の維新運動は、十年前に比し非常に成長して、独立独行することが出来る様になりました。一人歩きが出来る様になると、他人の世話をいやがる心理は、子供も大人も持っています。青年将校の運動にも、此の心理がはたらいていましたので、北、西田氏の指令どころか、相談もせずに蹶起したのです。

蹶起の時日については、私が二十四日に西田氏に知らしましたが、細部の計画などは私も村中も、断じて両氏には知らしておりません。法務官は「お前は前年から決心して、一人でもやるつもりでいた、それ程強烈な決心をもっていたのだから、早くから西田に相談したにきまっている」と云って責め立てました。ところが、この観察は正反対なのです。一人でやると云う決心がほんとにツイタ時には、他人へ相談する必要がなくなるのです。自分の決心がフラフラして居る時には、他人に相談して、決心の不足を他人から補うのです。法務官にはどうしても機微な心理観察が出来ぬらしく、私の云うことを了解せず、北、西田と青年将校とは相談をし指令を受けて反乱をしたのだときめてしまって、両氏を殺そうとするのです。

西田、北とは相談もせず、合議もせず、指令など絶対に受けておりません。両氏に対しては、両氏の如き人物を吾々と共に犠牲とする様なことがあっては、国家の為めに取りかえしがつかぬから話をすまいと云うのが、青年将校間の意見であった事は、嘘でもイツワリでもありません。

3　奉勅命令と北、西田氏との関係

青年将校をして奉勅命令に抗せしめたのは北、西田だと云うのが、軍司法部の云い分です。

フザケタ事を云うにも程があります。奉勅命令は下達されません。絶対に下達されていません。私共は誰一人として、奉勅命令の内容を知っておりません。下達しない命令に抗する道理はありません。軍部は勅命を下達しなかった罪をかくす為に、下達したけれども、北、西田が青年将校を煽《あおりた》てて奉勅命令に抗せしめたのだと云うのです。卑怯千万な遣り方です。

私共が、二月二十九日迄も三宅坂一帯の地区に頑張っていたのは、戒厳命令を受けたからです。三宅坂一帯の地区の警備を命ずと云う命令にもとづいて、現地にいたのです。戒厳命令の外に、大臣告示を告達して行動を認むとさえ云って居るのではありませんか。軍が自ら告示を下し、命令を与えて居ることはわすれて、北、西田が奉勅命令に抗せしめたとは何ですか。何たる卑怯な態度です。此の不当に怒る正義の士が、軍部には一人も居ないのです。よってタカッテ、ウソをつくり上げて、無実の罪を民間の一浪人になすりつけて、自分等は罪を逃れ様とする奴が、皇軍の上級将校として陛下の禄を盗んでいます。何ですか。陸軍大将、中、少将が何ですか。中央部佐官が何ですか。

五、大臣告示、戒厳命令と北、西田氏

大臣告示と戒厳命令は、北、西田氏が発したのではないですぞ。陸軍の親玉が発したものです。青年将校は此の告示と戒厳命令によって、行動したのです。青年将校が反乱罪にとわれる時、当然に告示と命令を発した者は同罪であらねばならぬ筈です。然るに此れ等は無罪で、命令と大臣告示の圏外にある北、西田両氏が死刑になるとは何故ですか。

「大臣告示は説得案なり」といいのがれをしていますが、あれがどうして説得案ですか。告示が宮中に於て出来た時の第一草案は、「諸子の行動は国体の真姿顕現にあるものと認む」となっています。此の第一草案の、行動を認むと云うのをキイテよろこびの余り、香椎中将は直ちに司令部に電ワをして、之を布告さしているではありませんか。軍事参ギ官会ギの此の空気だけを説明すれば、説得案でない事は明々白々ではありませんか。現に青年将校は、一人として説得されていないのです。説得される所かヨクやって呉れたと云って、到る所でホメラれたのです。

大臣告示が行動を認めたものであると云う証拠には、二十七日早暁に戒厳軍隊として司令官の指揮下に入ったのです。しかも警備の命令を受けておるではありませんか。

此の厳然たる事実すらも、彼等は曲言してしまったのです。曰く「戒厳命令は謀略命令なり、青年将校の行動を認めたるものに非ず」と。若し云う如く、命令に謀略があるとすれば、皇軍は全く崩れてしまいます。命令は厳として絶対でなくてはなりません。少しの懸《（ママ）》引きも偽りもないのが、命令の本質であらねばなりません。

彼等は云うでしょう。「叛乱軍に対しては敵軍に対すると同じく謀略命令を用う」と。よろしい、それほどに反乱軍なることが最初から明瞭なら、何故二月二十六日午前直ちに賊軍征討の勅命を戴いて、一気に攻撃しなかったのだ。

しかも彼等は、諄々《じゅんじゅん》として言ったではないか「皇軍相討つことはいけないから」と。皇軍相討つとは、青年将校の軍隊が皇軍の一方であることを意味するのではありませんか。皇軍の一方たることを認めながら、反乱軍として謀略命令を下したのだとは、自己矛盾ではありませんか。戒厳命令を謀略命令などと云うことは、断じて承服出来ません。法務官は「君等のやった事は、大臣告示の下達される以前にやった事が反乱だ」「だから法務官としては、大臣告示や奉勅命令は大して調べる必要はない、反乱の事実だけ調べればいいのだ」と云いました。ヨロシイ。

最初から、叛乱と云うことがそれ程明かであるのに、反軍を何故戒厳軍隊に入れたのだ。何人が入れたのだ。反軍を皇軍の中に勝手に入れたのは何人か。天皇を瞞《だま》し奉って、反軍を勝手に天皇の統率下に入れると云うことは、統帥権の干犯ではありませんか。

軍部は統帥権干犯と云う大罪を自ら犯しておきながら、その事には少しもふれずに、北、西田が奉勅命令に抗せしめた。北、西田が改造方案実現の為めに、青年将校を煽動した。

北、西田が軍を攪乱したと云って、一切の責任を北、西田におわして之を殺そうとするのです。

閣下、斯くの如き不当に対して、吾々はどこ迄も忍ばねはならぬのでしょうか。

北、西田を殺す前に、川島義之、堀中将、山下少将、村上大佐、香椎中将、小藤大佐、而して前軍事参議官と杉山参謀次長等を刑すべきではありませんか。特に杉山次長の罪、大なることを御判断下さい。統帥権の干犯は最初、浜口等の政党人と重臣によってなされ、次に林、永田が先頭になって干犯し、第三回目は陸軍首脳部全員によってなされました。此のまま棄てておいたら、陸軍は遂に徳川執権となり、源征夷大将軍になって、陛下を千代田城の奥に幽閉してしまいます。今こそ国体の危機です。

六、結　語

北、西田氏に対する公判は型式《ママ》だけであって、一軍は既定の方針によって殺す」と云う方針通りに終了し、今は最早、両氏は一言も正義の主張をすることは出来ません。

事ここに至っては、最早　天皇陛下の広大なる御仁慈に御すがりするより外には道がないのであります。

どうか閣下等の御力によって、事の真相を上聞に達していただき、両氏の助命をしていただき度いので御座居ます。頼みます。頼みます。
意満ちて筆足らず、申上げたい事の百分の一も云えません。どうか御判読下さいます様願上げます。

付　記

軍部が西田、北両氏を死刑にする理由は、実にわけのわからぬものです。
一、北、西田が青年将校を煽動したりと云うのです。煽動したのは北、西田でなく三月事件、十月事件であります。
二、北、西田は青年将校に思想的指導をしたと云うのですが、思想的指導はムシロ、陸軍省発表の諸パンフレット等の方が大きな役目をしたのです。
死刑にする理由がないので、実にワケのわからぬことをこじつけているのです。

獄中手記　2

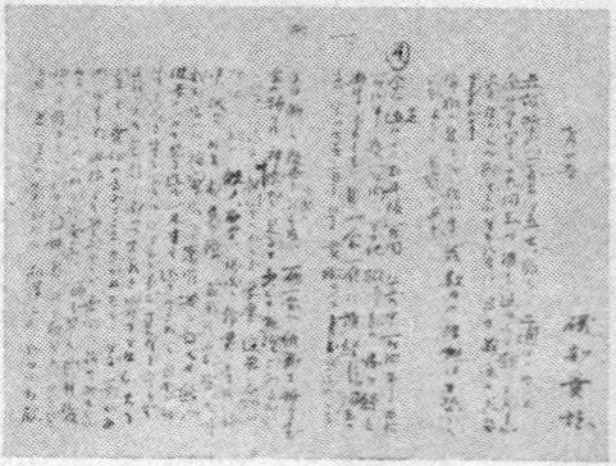
二・二六事件
新発見資料

磯部浅一の獄中手記

磯部菱誌

七月廿五日

赤誠純忠之十五士(註1)が射たれて二週日になつた、

余は一日も早く十五同志の後を追はんと願つておるが　未だなか〳〵に刑せられそうにない　日々断腸の思ひがする

牢獄の夏は残酷である　茲数日の酷熱は恐らく死刑よりも　苦痛であらふ

Ⓐ余は先日より起床後一時間　午前中一時間半　午后一時間半　夜一時間　その他　暇ある毎に　法ケ経をあげる事にした、一念一信に読経するは同志の志、余の志を一日も早く貫徹せんと思ふからだ

余は断じて後世の安穏をいのらない　一信一念に維新を祈るのだ　余の祈りは神様から見ると少しく無理であるかもしれない　それは「神国をうかゞふ悪魔退散　君側の奸払ひ給へ　牧ノ、西寺、湯沢、鈴貫、寺内、梅津、磯貝、(註2)外軍部幕僚、裁判長石本寅三外裁判官一同、検察官予審官等を討たせ給へ　彼等の首を見る迄は一寸も退き申さぬぞ　日本の神々は正義を守る可きに何と云ふ事だ　正義を守らず　正義の士を虐殺し却つて不義

本章の手記は、昭和41年仙台にて発見され、『文芸』1967年３月号で発表されたものである（同誌該当ページ）

七月廿五日

磯部菱誌

赤誠純忠之十五士が射たれて二週日になった

余は一日も早く十五同志の後を追わんと願っておるが　未だなかなかに刑せられそうにない　日々断腸の思いがする

牢獄の夏は残酷である　茲《ここ》数日の酷熱は恐らく死刑よりも　苦痛であろう

Ⓐ余は先日より起床後一時間　午前中一時間半　午后一時間半　夜一時間　その他　暇ある毎に　法ケ経をあげる事にした、一念一信に読経するは同志の志、余の志を一日も早く貫徹せんと思うからだ

余は断じて後世《ゴセ》の安穏をいのらない　一信一念に維新を祈るのだ　余の祈りは神様から見ると少しく無理であるかもしれない　それは「神国をうかがう〈うかがう〉悪魔退散　君側の奸払い給え　牧ノ、西〈園〉寺、湯浅、鈴貫、寺内、梅津〈美治郎《よしじろう》〉、磯貝〈廉介《れんすけ》〉、外軍部幕僚、裁判長石本寅三外裁判官一同、検察官予審官等を討たせ給え　彼等の首を見る迄は一寸も退き申さぬぞ　日本の神々は正義を守る可きに何と云う事だ　正義を守らず正義の士を虐殺し却って不義を助けるとは何たるざまぞ　菱海の云うことをきかぬなら

ば　必ず罰があたり申すぞ　神様ともあろうものが菱海に罰をあてられたらいいつらのかわで御座ろう、一時も早く菱海の中条をききとどけ国奸、君側の姦等の首を見せ給え　若しそれが出来ぬなら　相沢三郎野中四郎殿等十八志士の首をかえして呉れ」と云う稀代なる祈りをしているのだ　尋常人には余の祈りはおかしいだろう、然し余は真剣なのだ　祈の最中に涙が両眼からタラタラと落ちる、無念でたまらぬから声をはげまして神々を叱りとばしているのだ　日本国の神々ともあろうものが此の如き余の切烈なる祈りをききもしないで何処へ避暑に行ったか　どこで酒色におぼれて御座るのか一向に霊験が見えぬ《今や日本は危機だ　日本ノ国土、人民が危機だと云うのみでは余《（ママ）》の云う日本の危機とは日本の正義の事だ　神州天地正大の気が危キに頻《（ママ）》していると云うのだ　日本の天地から神州の正気が去ったら日本は亡びるのだ　神々は何をしているのだ》〔《　》内は欄外記入〕余は神様などにたのんで見た所でなかなか云うことをきいて下さりそうにもないから　自分が神様になって所信を貫くことにした、必ず所信を貫いてみせる、死ぬるものか　殺されるものか、十八士を虐殺したる奴輩の首は必ずとってみせる

Ⓑ真崎、荒木、阿部、川島、香椎、戒厳参謀長〔安井藤治少将〕　山下古荘〔幹郎陸軍次官〕、堀　小藤、村上　鈴木　真奈木〈馬奈木〉　西村　橋本〔虎之助近衛師団長〕等十五名を告発したる理由の補足

一、余は軍首脳部のする所の義軍事件の処置を次の如く情況判断し対策を考えた

「首脳部は小数《（ママ）》将校の厳刑主義をとるだろう　之に対するに余等は首脳部の裏をかき成る可く多数の関係者をワザと引き合いに出して軍首脳部をして手も足もつけられない様に事件を拡大したらいいだろう　又特に十月、三月事件等を全部テキ発すれば軍首脳部はその原則たる小数《（ママ）》将校の厳刑主義を破られて仕方なく　維新大詔喚《（ママ）》発、大赦奏請と云う方針によって義軍事件に結末をつけるだろう」

右の如き余の状況判断は的中した　首脳部は先ず兵、下士官の寛刑をしようとして三、四月頃から予審官検察官をして吾々将校を誘導訊問にかけ兵、下士に罪のなき様に陳述させた、余はコレはこまったと思い　安ド〈安藤〉栗原に注意して「公判に於ては兵、下士も同罪なることを主張せねばいけない　此の際涙は禁物だ　ウカウカ涙を出していると幕僚のワナにかかるぞ　千四百名の将兵共に刑せらるる可く主張したら必ず勝てるから左様しよう」と云うことを相談した　一方余は真崎等十五名の半同志的理解者を涙をふるって告発するの挙に出ようと考えた、

兵、下士千四百を刑し　真〈崎〉、川〈島〉、香椎等の軍上層部も同罪なりと云うことになれば吾々は必ず勝てると考えた　真崎以下十五名がヒキョウな態度をとらずに大臣告示、

戒厳令等に関して　吾人に有利なる態度を勇敢にとって呉れればいいが　然らざる時は吾々は非常に不利になるから　どうしても十五名をトリコにして刑ム所へ入れておかないと軍部は策謀陰謀の府だからどこから如何なる手がまわって彼等十五名がにげをはり〈逃げを張り〉吾人に不利なる態度をとるかもしれないと心配したので告発の決心をした、一時十五名を入所させてもそれは決して悪ではない　千四百が国賊の名をとられる〈とられぬ〉為　そして多数同志将校を救う為には余が心を鬼にして、極悪人となって十五先輩を入所させる方法をとるより外に道がないのだった、

所が十五先輩の入所前に、しかも兵の大多数はつみを許されて渡満してしまった後に吾々だけきりハナサレて公判になった

且つ公判になっておどろいた　十五先輩は云うに云われぬヒキョウな態度で皆尻に帆かけてにげのびて却って吾々の悪口を云っている、下士、兵はどんどんと転向させられてしまっている、余の策戦は全く目茶々々にやぶられてしまっているのだ

そこで余は考えた　コレハボヤボヤしていると一たまりもなくやられるぞ　成る可く早く真崎一人でも入所させて吾人等の先頭にたてて戦をせねばいけないぞと

余の云う戦とは、真崎を先頭にたてて〈たてて〉、告示、戒厳令に関する事をたてにとり告示、戒厳令等をウヤムヤにして吾等を断圧〈弾圧〉せんとする軍内勢力との戦の事だ

それが為めに余は真崎、川島、香椎の入所を待ったがとうとう入所せず却って十五同志

が先に殺されてしまった

余は真崎、川島、香椎が入所して苦しまぎれに大臣告示と戒厳令はウソではない　インチキ物ではない　青年将校の行動を認めたのだ　と云わざるを得ない様に戦闘指導をして行って　吾人を断圧せんとする勢力と合法的一大決戦をなし之によって維新に進入せんとしたのだ

大体右の如き理由であるから真崎、以下十五先輩に必ずしも悪意あるものではない　以上の理由が告発の最大なる理由だ　既述せる軍閥の交争《（マヽ）》を策するの意もたしかにあるがこれは純呼《（マヽ）》たる革命的な意味から見たものであって必ずしも告発の最大理由とは云えぬ　今になって考えると真崎は気の毒だ、軍内の反真崎派は手を打ってよろこんでいるだろう、余はそれがシャクにさわる　軍閥の態度がシャクにさわるのだ　余は維新を考えて真崎等を涙をのんで告発した　然るに軍閥は維新と云うことは少しも考えないで反真崎なるが故によろこぶのだ　余の心とは天地の開きがある

C、天皇陛下は青年将校を殺せと仰せられたりや

　鳴呼

秩父の宮殿下は青年将校は自決するか可《（マヽ）》

最後を美しくせよと仰せられたりや
嗚呼
天下一人も吾人の志を知るものなく吾人のいのちを尊重し且つ救助せんとしたるもののなかりしや　陛下に死諫する忠臣出でて吾人の忠義心を上奏するの士はなかりしや　六十になっても七十になっても命のおしい将軍ばかりなるか川島腹を切らざるや
嗚呼
青年将校の精神は可なるも　行動はわるし刑せずてはかなうまじと云うのは荒木、真崎も然りき、満井佐吉〔中佐、相沢特別弁護人〕すら然りき、吾人に同情し吾人に理解ある士が最初に於て精神はよきも行動を全部認めてはいかん一応は刑を受く可きだ　など称して一歩、否一分を譲歩したる為に今や精神もわるし行動もわるし　全部認める事は出来ずと云うことになり千歩万里の譲歩となれり「絶対に我が国体に容れざる」と云う判決主文を国体不理解者　反国体者　天皇機関説的国体観信奉者等によりて奉られたる吾等は日本人として不幸の最大なるものならずや
吾人は今や完全なる反乱者となれり国賊となれり　その初め　精神を認められ行動をも認められたる国家の尊王義軍が僅か一分の譲歩否一厘の譲歩をしたる為めに遂いに百歩千歩の敗退を見、忠臣より国賊に義軍より反徒にテン落したり
吾人に同情し吾人に理解あるの士が一分の否々一厘の後押しをして呉れたら国家は昭和十

一年に国賊反徒を出さざりしものを

D、国法は無力なり　権力者の前には無力なり

吾人が最後にたのみのつなとしたる軍司法権による公正なる裁判もあたら軍幕僚の高等政策彼等が生きん為めのヒ密政策の為めに蹂リンしつくされて吾人等は十五の首をさらされたり、今や国民は明かに知る可し「権力者の前には国法は無力なり、庶民階級が権力者特権階級に向って正義を争う戦場は法廷にはあらざること知れ」

全日本の窮乏国民は一致して特権者を討て討幕を断行せよ　然れどもその戦場を法廷にもとむるなかれ　その武器を合法的弁論に求むるなかれ、戦場は何処に　武器は如何にと云うことを思慮してあやまるなかれ、

余は云わん　全日本の窮乏国民は神に祈れ而して自ら神たれ　神となりて天命をうけよ天命を奉じて暴動と化せ、武器は暴動なり殺人なり放火なり　戦場は金殿玉ロウ〈玉楼〉の立ちならぶ特権者の住宅地なり　愛国的大日本国民は天命を奉じて道徳的大逆殺を敢行せよ　然らずんば日本は遂いに救われざるべし　国民よ　無力なる国法を重じ国権に従いて何時迄いん忍〈隠忍〉する者ぞ　いん忍は正義者の道なりや否や、余は断じて云う、いん忍して無法、暴慢なる国法国権に屈従するは神州正義人のなすべき所にあらず　神州神人は暴慢なる国法と国権と人と物とを討ち滅し焼きつくす為めの天祖の使徒ならずや　何

ぞいん忍ひ屈怯懦なる
愛国、忠誠、自主自覚国民は直ちに暴動の武器を以て権力者を討滅　決壊せよ　これ忠義の最高道なり。

E、第三者の妄評を打つ、
二月事件は計画ズサン也、実施の方法不可なり等妄評をする無礼者がいる
余は次の一言を以て無礼者に答えておく、
汝等シカク〈然く〉良好なる計画ありしならば　何故に吾人の蹶起する以前に於て断然決行せざりしや　と
又曰く事を過るは一、二、急進者の為なりと
汝等がそれ程急進者の事を過るを熟知しありしならば何故に決死自重を唱えざるや、多くの汝等は急進派にも自重派にもあらざる最もインジュン怯《きょう》ダ〈因循怯懦〉なるホラガ峠の腰抜武士にあらずや　と

F、愛国団体は軍部を打つ事を忘るべからず
軍部を打たざる右翼団体は右翼団体なりと雖も愛国団体にはあらず　愛国団体にして軍部を攻撃せざる団体は或は愛国ならんも維新団体にはあらず　余はつとに云えり

軍部は左幕《ママ》勢力の最後の強固なる敵なりと、この哲理を解せず維新を云うべからず
既成軍部は軍閥なり軍閥なり　軍閥以外の何物にもあらず　軍閥を打たずして維新ありや
二十万の現役軍隊は断じて皇軍にあらず　数万の将校は断じて皇軍にあらず　いわんや
数千の中央部軍人は断じて皇軍にあらず　彼等は皆軍閥なり軍閥の亜流なり　末流なり
支流なり　軍閥を討倒せざる維新はなし、
此の書が成る可く早く極秘裏に同志の手から手に渡りゆく事を切願する
大岸〔頼好〕、菅波〔三郎〕、山田洋（静岡）村松憲兵（名古屋）野北祐常　小川三郎、
江藤五郎　明石寛二　市川〔芳男〕松平〔紹光〕柴〔有時〕若松満則　竹中英雄
後藤四郎等
小笠原長生閣下　末次〔信正〕閣下、荒木閣下　本庄〔繁〕閣下　真崎勝次閣下
小畑敏四郎閣下　柳川〔平助〕閣下

〔底本編註／以下は別の手記である。書かれた日の日付はないが、七月二十五日以前のものである。ここでは事件の経過が克明に書き綴られている〕

七月十二日朝同志十五名は従容或は憤激或は激怒様々な心をもって刑についた　余と村兄〔村中孝次〕とは何の理由か全く不明のままあとに残されて十五名の次々に赴くのを銃声

によってききつつ血涙をのまねばならぬ不幸をみた

死刑の判決をうけた七月五日から同志十七名一棟の拘禁舎に集められた　刑の執行前日十一日迄は吾々は大内山〔天皇のこと〕の御光を願った　そして必ず正義が勝つ吾々をムザムザ殺すと云う様な事は或はないだろうと信じようとつとめた　そして毎日猛烈な祈りをした、誰も彼も死ぬものか、死んでたまるか、殺されたって死んでやるものか　千発玉を受けても断じて死なぬ　等々と激烈な言葉によってヒシヒシとせまる死魔に対抗した、刑の執行迄の数日間はそれはそれは血をしぼる様な苦しいフンイキであった

国の為どうしても吾々の正義を貫かねばならぬ　吾々が殺されると云うことは吾々の正義が殺されると云うことだと皆な冲天の憤激を以て神をシカリ仏をうらんだのであった

面会に来て呉れる父母兄弟の顔を見言葉に接する　益々生きねはならなくなった　それは親兄弟が大変に圧迫をされていると云うことがわかったからだ　国の為にも親兄弟の為にも　どうしても生きのびて出所して吾々の正義を明かにせねばならぬと考え出したのだ

同志の中にはもうスッカリアキラメて静かに死期を待っている者もあったが余、安、香、等は断じて死なぬ必ず勝つと云って他の同志を激励した　そして吾々に残っていることは祈りである　祈りによって国を救うことがまだ残っているから十七名の同志の心を一つにして天地の神に祈りをしようと云って　朝　昼　晩　ひまさえあれば祈りをささげた　そ

の至誠が天に通したのか十日の朝から天気がよくなって来た　十一日も晴天であった　益々猛烈な祈りを捧げた　一方悪魔タイ散のノロイもした　十一日の午後になって入浴をさせられ新しいゴク衣〈獄衣〉を着せられいよいよ明日の死を知った

私と村兄は十一日午後理由も云われず他の獄舎にうつされて同志とはなれてしまった、

十二日朝は君が代を同志がうたった　万才をとなえた　必ず仇をとるぞと云ってはげましあっていた、暑いから湯河原へ一週間程行って出直して来ようと云うものもあった　いやいや殺されたらすぐ　宮城にかけつけよう　陛下の御側へ集って一切の事情を明白に申上よう等云っているのをきいた

最後の瞬間迄同志は元気、正義、頑張り　を貫きとおした、看守諸君も同志の偉さ　美しさをたたえてくれた

——○——○——

余は神様の力を信じている　この手記が神様の力によって正義の士の手に渡ることを信じている　だから吾々が蹶起して以来　処刑される日迄の事のアラマシを思いのままに記しておく

一言断っておくのは　何しろ明日銃殺されるかも知れぬ命だ　だから此の手記は順序立て

て系統をつけて記するわけにゆかぬ一日一日が序論であり結論でなければならぬはめにおかれていると云うことである

読者に於て判読して下さることを願う

一、世間では二、二六事件と呼んでいるが　これは決して吾人のつけた事件名ではない又吾人が満足している名称でもない　五、一五とか二、二六とか云うと何だか共産党の事件の様であるので余は甚だしく二、二六の名称をいむものだ　名称から受ける印象も決してばかにならぬから余は予審に於てもそれ以前の憲兵の取調べに於ても二、二六事件とは誰がつけたか知らぬが余等の用いざる所なる旨を取調官に強調しておいた

然らは余等は如何なる名称を欲するか　と云えは義軍事件と云う名称を欲する　否欲するではない　事件そのものが義軍の義挙なる故に義軍事件の名称が最もフサワシイのだ　余は予審公判に於ても常に義軍の名称を以て対した、そもそも義軍の名称は事件発起前二月二十二日栗原宅に於て同志の間の話題にのぼった事だ　私はその会合の席に於て云った「吾人は維新の義軍であるから普通戦用語の合言葉では物足らぬ　四十七士の山川では物足らぬ　どうしても同志のモットウを、合言葉として下士官兵に迄徹底させる必要がある」と

そしたら村兄が尊王絶対はどうだと云うから　私は「それなら尊王討奸にしよう　そした

ら尊王の為の義挙なる意味がハッキリする」と云ったら一同大いにサンセイして即座に合言葉が出来た　この合言葉は事件そのものをも意味すること勿論である　従って二月事件はその蹶起の真精神から云って尊王義軍事件と云うを最も適当とする　略して義軍事件でもいい　おもしろい事には二月二十七日北〔一輝〕さんの霊感に国家正義軍云々と云うのが現れた　私はこの電ワをきいた時思はす「不思ギですね　吾々は昨日来尊王義軍と云っています　正義軍と現れましたか　不思議ですね」と云って秘かに自ら正義の軍　尊皇の義軍なることをほこり神様も正義と云われるなら何をか、はばからん　吾人は国家の義軍なりと云う信念が強くなった　吾々同志が鉄の如き結束をして軍の威武にも奉勅命令にもタイ然〈泰然〉として対し　正義大義を唱えつづけ得たのは国家の正義軍なりとの信念が強かったからだ　然るにワケノワカラヌ憲兵や法ム官等が二、二六事件等変てコな名をつけた事は如何にも残念だ

事件当時　義軍の将兵は尊皇討奸の合言葉を以て天下に呼号した　実に尊王討奸の語を知らぬものは現役大将たりとも国務総理たりとも占領台上の出入は出来なかったのだ　兵卒が自動車上の将軍を剣をギ〈擬〉して止め合言葉を要求している、将軍、尊王討奸を知《しら》ず百方弁解すれども兵は頑として通過を不許《ゆるさ》ざる状態は実に此コカシコに現出し厳粛な場面であった、

この如き歩哨線へ同志が行って尊王と呼ぶと兵が討奸と答えるそして兵が「大尉殿　シッ

カリヤリマショウ、何ッ此処《ここ》へは大将でも中将でも入れるものですか　上官が何ダ文句を云ったら討ち殺シマス」等云って堂々たる態度で　此の歩哨兵等は義軍なる事を信し国家の為尊皇の為めなる強い固い信念にもえていた

富貴も淫する不能《あたわ》ず威武も屈する不能ず　唯義の為めに義を持してゆずらないのであった、余は日本人は弱いと思った　特に将校、上級将校はよわいと思った　尊王義軍兵の銃剣の前にビクビクしているのを見て　コレデハ日本がくさる筈だと思った　こんな弱い将校上級将校だから必ず富貴に淫し威武に屈して正義を守ることを忘れ不義にダラクしてしまうのだとツクヅク感じた

然し日本人は正義を体感すると　その日暮しの水呑み百姓でも非常につよくなる　大義を知るとムヤミヤタラに強くなるのが日本人だと痛感した、

然り義の上に立つ者は最強也

吾々同志将兵が強かったのは義の上に立ったからだ　大義を身に体して行動したからだ

この意味から云って余は二、二六事件と云う名称を甚だしく忌む　吾等は二、二六と云う年月の為に蹶起せるには非ず大義の為めに蹶起せるものだ天下正論の士宜シク解セラレヨ。

二、義軍事件を裁く鍵は大臣告示と戒厳軍隊に入ッタ事と奉勅命令との三ツで足りる

イ、奉勅命令について（事件を解くには第一番に奉勅命令は如何なるものであったかを明かにせねばならぬ）

十一年三月一日宮内省の発令で大命に抗したりとの理由により同志将校は免官になった、吾人は大命に抗したりや、吾人は断じて大命に抗していない　大体、命令に抗するとは命令が下達されることを前提とする　下達されない命令に抗する筈はない　奉勅命令は絶対に下達されなかった、従って吾人は大命に抗していない　奉勅命令が下達されそうだと云うことは二月廿八日になって明かになった　それで二十八日午後陸相官邸に集った　村、香、栗等諸君はもう一度統帥系統を通して　陛下の大御心を御たずね申上げよう　どうも奉勅命令は天皇機関説命令らしい下っているのかどうかすこぶるあやしい　と云うことを議したのだ　余は二十七日夜半農相官邸にとまり　場合によっては九段坂の偕行社　軍人会館をおそって不純幕僚を焼き殺してやろうと考えていたので相当に反対派の策動に注意していたら　清浦〔奎吾〕の参内を一木、湯浅がそ止〈阻止〉した事　林、寺内〔寿一〕、植〔植田謙吉〕の三将軍が香椎を二十七日夜半訪ねその結果余等を断圧〈弾圧〉する事になった旨を知ったので怒り心頭に発して　戒厳司令官と一騎打のつもりで司令部へ二十八日朝行った　所がどうしても会見させない　午前中待ったが会わせない　石原、満井に会い両氏より兵を引いてくれと交々たのまれ両氏共声涙共に発して余を説いた特に石氏は戒厳司令官は奉勅命令を実施せぬわけにはゆかぬと云う断呼〈断乎〉たる決心だから兵を引いてくれ　男と男の腹ではないかと云って涙して余の手を握ってたのまれた
　余は「それは何とも云えぬ　同志の軍は余が指キ官にはあらず　然し余は余に出来るだけの努力はする　唯余個人は断じて引かぬ　一人になりても賊をたおす」と云いて辞し陸相官邸に来りて見れば前記三氏（栗、村、香）等は鈴木、山下、にと〈説〉かれている
　余は此処にて断じて引いてはいけないことを提唱した、それで前記の栗君の　も一度大御心を御伺いしたいと云う意見が出たのだ　若し陛下が死せよと云われるなら自決しようと云う意見であった、
彼レ是れしている間に堀第一D〔師団〕長が来て勅命は下る状況にある　兵を引いてくれと切願した、為めに大体兵を引こう　吾人は自決しようと云うことに定った、余は自決なんぞ馬鹿な事があるかと云いて反対し唯陛下の大御心を伺うと云うことは此の場合の方法として可なりと云う意見を持した
自決ときいた清原があわてて安ドの所へ相談に行ったら安は非常にいかり　引かない　戦う、今にも敵は攻撃して来そうになっているのに引けるかと云うて応じない
村兄、安の所へゆき敵状を見てビックリしとびかえり、余に磯部やろうと云うので余はヤロウと答え戦闘準ビをすべく農相邸へかえる
右の様な次第なる故　遂に奉勅命令は下達されず未だに奉勅命令が如何なるものかをつま

びらかにしない
此くして二月廿九日朝迄吾等は頑張った　吾人があんまり頑張ったのでむこうも腹を立てて目がくらみ処チ〈処置〉を失い奉勅命令を下達することも忘れて唯包囲を固くすることのみをやったのだ　日本一の大切な勅命が行エ不明になったのだ　戒厳司令部では下達したと云い吾等は下達を受けずと云う故に。
二十八日夜安の所へ第一D参謀桜井〔徳太郎〕少佐が奉勅命令を持参したるも歩哨にサエギラレて安は見ず　山本又君少佐を安の所へ案内せんとしたるも出来ず　山本君のみは奉勅命令を見たりと云う　二十九日朝ラジオにて奉勅命令の下達されたるを知りたるが最初なり、それ迄は決して命の下達されたるを知らず
要するに吾等は二十七日朝戒厳軍隊として守備を命ぜられたるものデアルカラ奉勅命令を下すならば　一D長一R〔聯隊〕長を経て下すべきであるのに　ワケもワカラヌ有造無造〈有象無象〉がヤレ勅命だ　やれさがれと色々様々な事を云うのでトウトウワケがワカラなくなったのだ
小藤に云わすと「アイツ等は正規の軍隊ではない反軍だ、ダカラ命令下達も系統を経てヤル等の必要はない」と云うだろう否彼は左様に云っている、だが何と云ったとて駄目だ戒

厳軍隊に入っているのだから

奉勅命令については色々のコマカイイキサツがあると思うが　如何なるイキサツがあるにせよ下達すべきをしなかったことだけは動かせぬことだ　下達されざる勅命に抗するも何もない、吾人は断じ抗していない　したがって三月一日発表の大命に抗し云云の免官理由は意味をなさぬ

又二月廿九日飛行キによって散布シタ国賊云云の宣伝文は不届キ至極である　吾人は既に蹶起の主旨に於て義軍であり（このことは大臣告示に於も明かに認めている）大臣告示戒厳軍編入によって義軍なることは軍上層さえ認めている、勅命には抗していない　だから決して賊軍などと云わる可き理由はない。

以上で賊軍でないことは明々白々になった筈だ

賊軍でないならば本来の義軍である筈ではないか

ロ、大臣告示について（大臣告示は蹶起後半日を経過せる二十六日午后陸相官邸に於て発表シタルモノダ）

二十六日午后山下少将宮中より退下官邸に来り吾等を集め大臣告示をロウ読シタ

今ソノ大意を記する

1、諸子の蹶起の真意は国体の真姿顕現なることを認メル
2、天聴《てんちょう》に達した
3、国体明徴については参ギ官一同恐ク〈恐懼〉にタエヌ
4、各閣僚も一層ヒキュウ〈匪躬〉の誠を致す
5、コレ以上は大御心にマツ

この席上同志側は　村、香、対、磯、野中、軍中央部側　次官古荘、山下、鈴木、西村、満井、であった、

この告示をきいて余は行動を認メタルヤ否ヤにつき疑問を生じたので　山下氏に対し　義軍の義挙を認メタルモノなりや、義軍なることを認めたるものなりやと質問せり　対馬君、行動を認メタルナリヤトノ質問をしたり　山下氏確答をせざりしも行動を認めたるものなりとの体度《ママ》アリアリと見えたり、又行動は認めずと云う断定は山下氏はしなかった、この告示をきいて次官以下居並ぶ中央部将校はシュウビ〈愁眉〉を開いた　一同ホットした安心の態がアリアリと見えた　そこで西村大佐は直ちに警備司令部にゆき行動部隊は現地に置く可く交渉をすることを快諾し次官は宮中に至り大臣にその旨を連絡することにな

った、

大臣告示によりこの場に居た十数名の将校が等しく受けた感じはホットした安心の気とヨシソレデヨシ事がウマク運ブゾと云った感じであって決して重苦しい悪感ではなかった又決して後になって云う如き大臣告示によって青年将校を説得すると云う様な気で山下氏は告示をロウ読せず又吾々同志は断じて説得とは思わなかった　説得と思ったならその場でケンカになっている　行動を認めるのかなど変な、やさしい質問はしない　そんな事はいいとしてあの告示の文面をみてみるかいい　どこに一語でも説得の文句があるか　吾々をよく云って居る所ばかりではないか　参議官一同は恐クし、各閣僚も今後ヒキュウの誠を致すと云っているではないか

吾々は明かに大臣によって認められた、

而も吾々の要求した所の行動を認めるか否かと云う点については明かに行動を認めると云う印刷物が部隊の将校の方へは配布された、

吾人が義軍であることは真に明々白々の事実となった、二十六日から二十七日にかけて吾々は実にユカイであった　戦時警備令下の軍隊に入り続いて戒厳軍隊に入り　戒厳命令を受けいよいよ吾々の尊皇討奸の義挙を認め維新に入ることが明かになったので皆な大いに安心をし　これからは維新戒厳軍隊の一将校として動くのだと称して一同非常にゆかいにし安心していた、

所が大臣告示が変化した、吾々が二十九日収容されると同時に変化し出した、先ず最初に告示は陸軍として出したものではないと云うことを云い出した、そして曰く　あれは陸軍大臣個人として出したのだとつけ加えた、そんな馬鹿な話があるか大臣告示と銘を打って出したものが陸軍として出したものでないとか　川島個人のものだとか云う理クツがどこにあるか　予審廷でサン〴〵同志によって突込まれたあげくの果て弱って今度は大臣告示は軍事参議官の説得案だと云い出した、どこ迄も逃げをはるのだ　そんな馬鹿な話しがあるか　あの文面のどこに説得の意があるか　行動を認むとさえ記した印刷物を配布した位いではないか　行動を認める説得と云うものがあるか　吾人は放火殺人をしているのだ　その行動を認めると云うのだ　その行動を認めて尚どこを説得すると云うのだ　行動を認めると云うことは全部を認めると云うことではないか　全部を認めたらどこにも説得の部分は残らぬではないか

宮中に於て行動を認めると云う文句の行動を真意に訂正したと云うのだ　所が訂正しない前に香椎司令官は狂喜して電ワ連絡をしたと云う

此処が面白い所だ　即ち、最初はたしかに全参議官が行動を認めたので吾人はそれだけでいいのだ　あとで如何に訂正しようとそんな事は問題にならん、吾人の放火、殺人、の行動を第一番に、最初に軍の長老が認めたのだ、吾人の行動直後に於て認めたのだ第一印象は常に正しい　軍の長老連の第一印象は吾人の行動を正義と認めた、それだけでいいでは

ないか　軍事参議官が先頭第一にチュウチョせずに認めたと云う事実はもうどうにも動かせぬではないか　も少し突込んで云ってやろうか、此処に絶世の美人がある　この美人に認められたらもうしめたものだと思う殺人犯の男が平素ねらっていた　或夜戸を破って侵入し美人を説いてとうとうウンと云わせた　美人はその男の行動を認めた、所があとになって矢かましい問題になったら美人は色々と理由をつけてアノ時は実はいやだったのだとか何とか云い出したがもう追つかない　女は男の種をやどしていた、これでやめておこうか、もっと云ってやろうか、後世の馬鹿にはまだ判然しないだろう、陸軍及陸軍大臣、及軍参議官等が何と云いのがれをしても駄目だ、ちゃ〈ん〉と国賊？　反軍の種を宿しているではないか《註、吾人は反徒でも国賊でもないが若し彼等の云う如くならば》〔《　》内は欄外記入〕　その罪の子が生れ出るのがコワイので軍首脳部はヨッテタカッテダタイ〈堕胎〉をしようとして色々のインチキな薬をつかったのだ　説得案と云うインチキ薬が奉勅命令と云う薬の次のダタイ薬に過ぎぬのだ　大臣告示は断じて説得案にあらず　然し軍は大臣告示を説得案にしなければ自分の身がたまらなかった事は事実だと云える　大臣告示は吾人の行動を認めたる告達文にして説得案にあらずと云うことを明かにする為めにもう一言云っておこう、

《吾人の行為が若し国賊反徒の行為ならば》〔《　》内は欄外記入〕　その行動は最初から第一番に、直ちに叱らねばならぬ　認めてはならぬものだ　吾人を打ち殺さねばならぬもの

だ　直ちに大臣は全軍に告示して全軍の力により吾人を皆殺しすべきだ、大臣は陛下に上奏して討伐命令をうける可きではないか　間髪を入れず討つ可きではないか

然るにかかわらず　却って　先頭第一に行動を認めているではないか

直ちに討つ可きを討たざるのみかその行動を認めたと云うことは吾人を説得する所か反対に吾人の行為にサンセイし、吾人の行為をよろこんだとしか考えられないではないか、断じて云う大臣告示は説得案にあらず

大臣告示は二種ある　その一は　諸子の行動は国体ノ真姿顕現なることを認むと云うもの

他の一は　諸子蹶起の真意は国体の真姿顕現なることを認むと云うのだ　而して　行動の句を用ひたるものは最初に出来たものだ　真意と直《ナオ》したのは　植田ケン吉〈謙吉〉の意見により訂正したものだ、行動を蹶起の真意と訂正して見た所で「認む」と云うことがある以上　吾人は認められたのだ　吾人の行動を認められたのだ　蹶起の真意を認められたのだ　蹶起の真意を認めると云うことは直ちに行動を認めると云うことではないか

全軍事参議官が認めたので警備司令官たる香椎は狂喜したのだ　ヨオシ来タと思って直ちに部下に電命して大臣告示を印刷した、香椎は正直な男だ　その時の狂喜振りを告白している、

二月廿六日宮中に於て軍事参ギ官会同席上の様子をよく知っている香椎であるから二十六

日夜戦時警備令下の軍隊に何等のチュウチョなく義軍を編入したのだ　二十六《ママ》宮中に於て参ギ官が吾人の行為を認めず説得すべしと云う意見であったならば、如何に香椎一人が吾人に同情していても決して戦時警備令下の軍隊に編入することはしない筈だ

ハ、戒厳軍隊に編入されたること（戒厳軍に入った事によって、吾人は完全にその行動を認められたのだ）

二月廿七日吾人は威厳軍隊に編入され　午前中早くも第一師戒命によって　麴町警備隊となり　小藤大佐の指揮下に入った

戒厳は　天皇の宣告されるものだ　その軍隊に編入されたと云うことは　御上が義軍の義挙を許された　御認めになったと云うことだ、それは明白だ　鈴木貞一大佐も二十七日余に対して次の如く云った、「戒厳軍隊に入ったと云うことは君等の行動を認めると云う最大唯一の証ではないか」と

所が軍の不逞幕僚は「戒厳軍隊に入ったのは行動を認めたから入れたのではない、あれは謀略命令だ　即ち反軍を静まらせる為めに入れたのだ」と云うのだ

行動を認めないで入れたと云うのだ　反軍であることを知りつつ入れたと云うのだ　反軍を陛下の軍隊の中に入れて警備を命ずるとはそも如何なる理由か、又反軍を誰が戒厳軍の

中に入れたのだ　軍首脳部が入れたと云うのか　幕僚が入れたと云うのか　反軍なることを知りつつ勝手に陛下の軍隊の中に之を入れたらそれこそ　統帥権の干犯ではないか　軍首脳部軍幕僚は挙って統帥権を干犯した国賊ではないか　臣下が勝手に反軍を天皇宣告の戒厳軍の中に入れると云うこと程重大な国体問題があるか　統帥権問題があるか、彼等は謀略命令だと云う、これをきく時吾人は怒り、怒り、激怒にたえぬ　どこ迄彼等は　天皇をバカにしているのだ　戒厳命令だぞ　天皇宣告の戒厳だぞ

一体命令に謀略と云うことがあるか　若し命令に謀略があるならば軍隊は破カイスル　友軍を謀るために命令を下す　反軍は命令によってだまし討ちをされるのだ　命令は寸分のカケヒキのない所がいいのだ　カケヒキがないから之が励行をドコ迄もせまる事が出来、之れに背反した時には断呼刑罰することも出来るので　命令は森厳峻厳だ　決してカケヒキ、謀略のある可きではない、

若し戒厳命令　統帥命令　にカケヒキがありとせば　陛下はカケヒキある命令を下し国民をだまし討ち遊ばされる事になるのだ　軍部上下の不逞漢どもよ、汝等はどこ迄陛下をないがしろにすればいいのだ　汝等は謀略命令でもすむだろうが陛下はどうなるのだ　汝等が謀略命令と称する時陛下はどうなるのだ　余は怒りの情を表す方法を知らぬ程に汝等を怒るものだ、

汝等が勝手な事を云う為めに　天皇陛下は全くの機関、否、ロボットとしての御存在にす

ぎなくなってしまっているではないか。

吾人は奉勅命令に抗してはいない　故に賊と云わる〈云わるる〉筈なし　吾人の行動精神は　蹶起直後　陸軍首脳部によって認められ大臣告示を得た、続いて戒厳軍隊に編入されて戒厳命令により警備に任じた　以上の事を考えみたならば吾人が反軍でない事は明かである　反乱罪にとわるる筈はないのだ

然るに軍部は気が狂ったのか　大臣告示は説得案と云い戒厳軍隊に入れて警備命令を発し警備をさせた事は謀略だと云って無二無三に吾々を反乱罪にかけてしまった

三、予審について

入所後数日を経て直ちに予審がはじまった、

予審官は決して正しい調べをしようとしなかった、

自分の考えていることに余を引き入れて予審調書を作成しようとした態度がありありと見えた　それで余はコレデハタマラヌと考えたので「一体吾々は義軍であるか否か　即ち吾人の行為は認められたか否かと云うことを調査せずに徒らに行動事実をしらべて何になるか　吾人は反軍ではない反乱罪にとわるる道理はないのに反乱罪の調査ばかりすると云うのは以ての外だ」との意をのべたら予審官は「君等の行為は軍中央部に認められる以前に

於て反乱だ」と極く簡短に答えて　シキリに行動事実だけを調べようとするのであった、《註　君等の行動ハ軍中央部ニ認メラルル前ニ於テ既ニ反乱ダト云ケレドモソレ程明瞭ナル反軍ニナゼアノ如キ大臣告示ヲ出シタカ又戒厳軍ニ入レ警備ヲ命ジタカト云ウコトハ公判ニ於テ陳述セリ》〔《　》内は欄外記入〕

又余は行動事実なんか大した問題ではないそれよりも思想信念原因動キ社会状勢をよくよく調べる必要があると云うことも云ったが予審官はすべて聞き流してしまった。

大急ぎで行動事実だけを調べた　余は思った、軍部にも人がある必ず上々に処置するだろう、予審の調べがズサンなのは或は不起訴にするのであるかも知れぬと考えた　それで予審官に対してはすこぶる好感を以て対した　此の予審官は必ず吾人の精神をわかってくれると信じた　一度信じてみると一から十迄疑う可き所はなくなった、益々予審官が立派に見えた　流石に国法を守る人には正義の士がいると云う強い信頼さえ出て来た、その為に云いたい事も云わずに予審を終ってしまった　だから余の予審調書はズサン極まるものであった、

四月になってから安ド、中島、トキワ〔常盤稔少尉、無期禁錮〕と共に運動入浴を許される様になった、安ドは馬鹿に楽観して、四月二十九〈日〉の天長節には大詔喚発と共に大赦があって必ず出所出来るとさえ云っている　余はそれ程には思わなかったが　マア近いうちに出れるだろうと考えた　これは後にわかった事だが　二月廿八日安ドは維新大詔の

草案を村上軍事課長から見せられた事実があった、その為でもあったろう安ドは　天長節に出れる出たら幸楽で祝賀会をやると云って朗かにしている、四月の二十日前後に下士官が少しく出所したらしかったのを知って益々私も天長節には出れると考える様になった

四月の廿四、五日頃公訴提起の通知があってビックリした、不起訴になるだろうと云う予測がはずれ〈た〉ばかりでなくあのズサンな予審の調べで公判を開くと云うのだからビックリしたのだ　藤井〔喜一陸軍法務官〕と云う法ム官（裁判官）からよばれて予審で云いたりない所を云えと云われたが題目だけを云っただけで　もうそれでイイと云って法ム官の方できこうとしなかった

余は藤井にむかって「一体あんなズサンな調べで公判をひらくとは不とどきだ　しかも公判は非公開、弁ゴ人は附せず何と云う暴挙だ」と云ったら藤井曰く「予審よりも公判が主だから公判で何も彼も云えばいい　裁判官たる法務官は検察官とはちがって全然公平な立場で裁くものだ」と云うて余をいささか安心させた　何も知らぬ余は公判でウンと戦えると考えた　そして私かに全勝を期してユカイでたまらなかった、知らぬが仏だ、公判に於てアレ程の言論封サ〈封鎖〉をされることも知らずによろこんでいるのだから。

七月十八日、本日は十五同志の初七日なり浴場に到り傍なる死刑場を見て涙せり

十五士が次、次と射たれたる刑場の土は鮮血を濺《そそ》ぎて真に赤土断腸ノ思なり

夜に入り陰雨猛雨交々として来る、雷電激して閃光気味悪し　遠く近く雷鳴続く

鬼哭啾々《きこくしゅうしゅう》タリ　村兄は読経をす　余は　寺内、石本等不臣の徒に復讐す可く
ノロイノ祈りをなす、ノロイなり、ノロイなり、

四、公判について
有史未曽有の公判は天長節の前日四月二十八日に開かれた当日は大したる訊問なく氏名点呼をしたるのみであった　事件以来満二ケ月振りにて全同志一堂に集りたるに皆元気だ、会うことが出来ので《(ママ)》公判の重大事など忘れてよろこんだ、禁をおかしてコソコソと笑イツ、同志が話す様は今考えると涙なくしては見られぬ状況であった、ホントにウレシかった、親よりも兄弟よりも信愛せる同志に二ケ月振でシカも場所は法庭《(ママ)》で鉄鎖につながれた身で会ったのだ　ウレシイ筈である
村、安、余、栗等はコソコソと公判の対策を打ち合せした、流石に同志はえらい皆期せずして一致していた、
1、奉勅命令の下達サレザルコトヲ主張スルコト　大命に抗シタルニ非ずと云うことを第一番に主張スルコト
2、大臣告示を受けたことを主張シ行動を認められたる旨を充分に陳ベルコト
3、戒厳軍に編入し警備命令をうけて守備をした事を主張スルコト
要点は右の三条であった、(左に公判庭《(ママ)》〈公判廷〉内外の警戒振りを附記す)

二十三名の同志が鉄サにつながれて厳重なる警戒の中を公判庭に出入する様は何とも云えぬ気がした、当日の警戒は十重ハタ重の厳重さで公判庭の周囲は有シ鉄条モウをハリ、道路の要点にロクサイ〈鹿砦〉を設けlg mg〈軽機関銃、重機関銃〉を配チし土のうを積みてスッカリ防禦陣地をツクッテイタ、余はこの様をみてコレデハ公判は或は変な事になるのではないか余の予期せる如き有利なる進展はしないのではないかと考えた　然し同志の志気にも関するので「アア陸軍も遂に吾等にまけたのだコノ警戒は吾人の勝利を意味するものだ吾人は完全に勝ツ、公判で勝利を十分の十に確定ヅケルのだ」と云って平然、否欣然としていた、実際ソンナ気も多分にした、余は例の負ケヌ気を出シテ何ニ今にみろ軍部をデングリカエしてやるぞと意気込んだ

五月一日　第二回の公判日

先ず公訴事実を検察官がよんだ、後、村兄呼び出されて訊問台に立つ、裁判官藤井法ム官が村兄に向イ公訴事実につき異議あらば云えと云う　村兄曰く　1、国権に抗しとあるが吾人は国権に抗せず　2、勅命に抗したる旨あるも勅命には抗せず等　二、三の反バクをなしたるのち、後刻熟考の上意見を云わしてくれと申入れをなす　裁判官は一応、応諾し直ちに事実シン理に入る、

原因、動キ、思想、信念等は抜きにして事実シン理〈審理〉に入るのだ暴も甚しい　余は休ケイ時間に村兄に耳うちして「事実の陳述をやめて原因動キをのべる事を主とされよ、

而して彼の公判即決主義を打破せよ　公判はユックリと充分に陳述せざれば不可である、裁判官の云うとおりにするとヒドイ目にアウゾ　彼等は公判を短時日にやって小数者の極刑主義をとるのだから吾人はソノ裏をかくを要する、成る可く彼等のキキタガル行動事実の陳述をアトニして原因、動キ〈動機〉、思想信念を永々とのベ公判日時のセン延〈遷延〉をハカル事、又小数者の極刑主義をとるにちがいないから吾人は多数ヲ処刑セネバナラヌ様にスルコト　ソシテ遂ニハ手ガツケラレナイ程ニ拡ゲテユクコト　コレガ為メニハドウシテモ先ズ第一ニ日時ノ遷延をハカラネバイケナイ　ソシテ村兄は先頭第一の訊問ダカラ敵の情況ヲモ偵察シツツ陳述シテホシイ、尚同志教育の必要モアルカラ成ル可くクワシクユックリと陳述シテホシイ　同志教育ト云ウノハ国家内外の客観情勢を同志によく知らして腹ゴシラエをさせるのだ」との意をのべた　村兄余の意見をとり陳述をス、腹痛と称して休ケイを願うと裁判官ハ何ダカウロタエる様な様子をする、

村兄の第二回訊問の日などは裁官《ママ》タマリカネテ頻《ママ》りに事実シンリに入らんとして　原因動キ等をアトマワシにさせんとす、

一般に裁官等維新の意義も革命の哲学も知らぬ故にコチラの陳述がワカラヌらしく小首をかたむけて不審がることシバシバデある、

余は村兄に維新の意義革命の哲学を説けと云いて次の意見を具申す

「維新とは大義を明かにすることだ　日本的革命の哲学は皇権の奪取奉還である、即兵馬

大権が元老重臣軍閥等によって侵されているのを大義にめざめたる文武の忠臣良ヒツ〈弼〉が奪取奉還する事を維新と云うのだ　政治大権が政ト財バツ〈政党財閥〉によって侵されたるを自覚国民　自主（民主）国民が奪取奉還することを維新と云うのだ　この点を説明してやらぬと裁官は全くワカラヌラシイ　特に　統帥権の干犯者を斬って皇権を奪取奉還せる義軍事件の中心精神を説かれよ」と、

村兄余の意見をとり堂々の論を吐く、

法ム官藤井はよくわからぬらしい　シキリに刑法的問題ノミを訊問シヨウトスル

法官藤井の態度ヨカラズ　村兄叮重に「裁判官殿　大変公判を御急ぎの様ですがこの公判は国家的重大事です　コノ公判の裁き方により日本が維新にもなり又維新が逆転もするのです　どうぞこのことを御高察下さって充分なる御調べをねがいます、私共は反乱をしたのではありません、のに最初から反徒としての御調べでありますならは昨日来陳述した事を全部取り消します　私共は弁ゴ人も付けられておりません　又公判は非公開です　陳述の材料を得ることも出来なければ天下の正論に訴える事も出来ないのですからどうぞ御願いします　充分に陳述をさして下さい　特別弁ゴ人としての陳述も自らせねばならぬ次第ですから御諒察を願います、陸軍は私共を、弾圧することによって窮地に立ちます　国家は正義派愛国者を弾圧することによって外侮外患をまねきます、察するに共産露国あたりは日本に対して企図して行動をはじめたのではないかと思います　本公判は如何なる意味から申しても真に国家の重大事です　軽々に片づけることは断じて許せないことです　どうか御願いしますから充分に陳述さして下さい　私は公判前四、五日間下痢しておりまして身体も弱いのですから休ケイをさしていただかねば元気が出ず陳述も思う様出来ません」と至誠を吐ロして嘆願する

裁判長石本は充分に陳述をさせると云いたるも一向に訊問要領は改めてくれない　無茶苦茶な断圧訊問だ　同志は怒り出した、天皇の法庭はけがされた、法治国日本とはコレカ、天皇の御徳をキズツケる奴等だ、コの断圧〈弾圧〉圧制は何タル暴挙ぞ、等々口口に怒を発した、渋君アタリは涙して怒って遂いに裁判長に向って異議を申入れた、「裁判長殿裁判官ハ吾々を始めから反乱罪と云う型の中に入れようとしてしらべて居られるがそれは何たる事ですか　そんな出タラメな事をすると云うことは　陛下の御徳をけがすものです」と云って突込んだ所が藤井法ム官は怒声一番　渋川御前は引込んでいろ、今は御前にキイテいるのではない　引込んでいろ　と云って渋川の言を頭から圧しようとする、同志は歯をくいしばって悲憤する

対馬立ちて裁判長に発言の許可を得て　コンナ裁判は早く片ヅケて下さい　と云う　安田立ちて　どうせきまっている公判なんか早くヤメテ下さいと云う、渋川又願わんとしたるも裁判長石本さえぎりて発言を許さず　余は黙して怒りを圧していた、安ドも余程シャクにさわりたる様子、

休ケイ時間になったら皆のものが一時に憤激を発した、安ドの如きは　エエッシャクにさわる　とびついて行って斬ってやりたい、と云う　丹生　又憤る、公判庭はワイワイのさわぎダ　余ハ　シャクにさわって文句が出なかった、どうしてコレカラ公判に対シタライイカ　ドウシタラ同志の志を明かに出来るか　そして我等はタスカルカと云うことを考え出して非常にユウウツになった、

裁官は事実シン理を急く　村、事実陳述をなす事となる　二月廿日前後より事件間の事を陳述す要点は前記三項（奉勅命令、告示、戒厳軍編入）についてである　亀川宅に於て受取りたる千五百円の金及西田氏の事については意地悪く訊問する、最後に国体観につき陳述せんとしたるに　藤井は「長くかかるか簡短にやれ」等云いて時間を与えようとせず村、「時間は相当にないと云い切れぬ　国体観思想信念は大切だから云わしてほしい」と云いたるも遂いにガエンぜず　あとから時間をあたえると云いて　村に対する訊問を中止した、余の計画では村の陳述を五月一杯位いやってもらいたいと考えおりしに僅か二日半十時間そこそこで終ってしまった

村の陳述中に石本裁判長が下士官兵は同志なりや否や　同志なれば統帥権の関係から云って統師を乱したと云うことになるが如何　との訊問をした、村は下士官兵は全部同志なりと答えた、又日本改造方《ママ》案は如何に考えるや共鳴せりや否やと問う、村、共鳴せり、字句には誤解され易き所あれども真精神は正しいものなりと答えた、村につづいて余が訊問

される事となった、
余は初めからケンカのつもりで出た、年齢　出生地等型の如き訊問をおわりたるのち裁判官に質問と称して
「一体裁判官は何を基ソ〈基礎〉として公判の訊問をするのだ　吾々に対する予審はズサン極まるものである、特に余の予審の如きは未だ要点を陳べていない又事実と相違せる点も多々ある　此くの如き予審調書を基ソとして公判を開くとは乱暴ではないか　特ニ吾々が遺憾に考えているのは　吾等は三月一日発表（宮内省）によって大命に抗し賊名をおびている　この賊名をおびたままでは公判庭で如何に名論雄弁に陳述した所で一切は空である　ドロボウが仁義道徳をとく様なものだ、だから先ず国賊の汚名をとってもらいたい
国賊であるか否かを重点としてもう一度ヨク予審でしらべてもらいたい
この重大事件を裁くのに国賊であるか否か　義軍なりや否やの調べは全く予審に於てせずに国賊なりとの断定の下に、国賊即反徒　反乱罪と云う断定のもとに公判を開くと云うことは奇怪至極である　斯の如き公判庭《ママ》に於て余は訊問に答えるわけにゆかぬ」と陳べた、所が裁判官も一寸ヘドモドした様子であったが　無礼なる藤井は「然らば公判を受けぬと云うのか　受けぬならこちらで推理決定す」と云う　コレヲキキ余は云う可きを知らない
　すべてが制圧的である、彼等の既定の方針に従えようとして訊問をする、純然たる反徒

としての取り調べ振りである
余は読《(ママ)》いて公訴事実の反バクに入る、
1、国権の発動を阻止し　とあるが余等は国権の発動を阻止したるに非ず　国権があまりに乱れているので之れに憤慨し之れを乱し侵したものを斬ったのだ
2、奉勅命令に抗したかの文句があるが吾人は断じて大命に抗せず　吾人は蹶起の主旨に於てすでに陛下に引《(ママ)》を引くものに非らず
3、大臣告示、戒厳令　等に関する事がスコブルボンヤリと記してあるのは不審ダ
4、兵、下士をダマシテ連れ出した様にあるが　兵下士は同志也、ダマシテ連れ出シタルニハアラズ　維新を願うものは将校よりも下士官兵だ、今や革新運動の主体は下士官兵だ
5、斬殺したる人物が如何なる人物かハッキと《(リ)》していない即ち陛下の大権を干犯した所の国奸を斬ったのだと云うことがハッキリしていないので普通の殺人、放火、反乱としか見えない、
要するに公訴事実は吾人の真精神を蹂リン〈蹂躙〉していて単に行動事実のみを喋々と述べている　吾人の行為はその真精神の中に光輝があるのだから真精神を抜きにした公訴事実は無価値である、

と陳べる、余はこの夜　藤井法ム官に喚ばれて公判ニ関シ若干ノ説明を受けた、藤井は昼間公判庭に於て「公判を受けない気か」との暴言に対し余に了解を求めた、余は「アンナ公判では受けないも同様でハナイカ」と云うた、藤井は語を和らげて「裁判官は絶対に公平なものだ　被告と検察官との中間に立ちて公平に審判をするものであるのだから公判庭に於て充分に裁判官に陳述せよ裁判長も至極公正な人格者なれば　被告の志をよく了解せん」と云いて一面余をなだめんとする風であった、余は本事件、本公判の重大性をといて藤井等裁官の反省と奮起とを願った、

翌日より公判庭に於ける空気は多少変化した、断圧的でなくなったかの感を抱いた　余は事実シン理に入らんとする藤井の作戦を極力さけて　思想信念を説いた　特に力を入れたるは日本改造方案大綱の説明であった、

日本改造方案は絶対に正しい　日本の国体を具体化した場合には政治経済外交軍事は改造方案云える如くなる可きであって　国体の真姿顕現とは実に日本改造方案の実現にあると云って過言でない　然し余は今直ちに方案を実施しようと云うのではない、方案について世間に誤解され易い点三、四を説明する

1、民主主義と云うことについて

　日本は明治以後は国民の人権を認められて中世の如き奴隷国民ではなくなった、中世王侯貴族に切り棄て御免にされた水呑ミ百姓が今は一国の総理大臣と法庭で争える程

の国民人権を認められたのだ　この意味に於て明治以後の日本は天皇を中心とせる民主国になったのだ　天皇を中心とせる　と云うことに注意してもらいたい　どこ迄も天皇が中心である　北氏の云う所の民主とはデモクラシー民主でもなく共産民主でもない　国家社会主義でもなく講だん社会主義でもないことは北氏自らが国体論の緒言中に所謂民主主義を痛撃しているのを以てもわかる

改造方案を一貫する思想は実に天皇中心主義である　明治以後の日本は天皇を政治的の中心とせる云云と　云い天皇大権の発動により国家改造にうつる云云、天皇は全国に戒厳を宣し云云　等々　すべて天皇が国民の中心であらせられる可きを強調している

民主と云うことは自主と云うこと　自覚と云うこと　奴隷に非らざる自覚国民と云うことである　更に語をかえて云えば立権〈立憲〉と云うことに過ぎぬ　明治以後の日本は天皇を政治的中心とせる立権国であると云う迄の事である。

何故に民主〈と〉云う字を特に北氏が用いたかと云うと　大正年間アノ滔々タル社会主義民主主義をタタク為に「何にッ外国の直訳民主、社会主義か何ダ　日本はすでに明治維新以後立権国となり　天皇を中心とせる民主国になっているではないか　何をアワテテ新シガルのだ」と云う意味で　所謂直訳民主社会主義をたたく為に民主と云う字をワザと用いたのだ　北氏の高い心境に平素少しでもふれるとハッキリする、北

氏は非常な信仰生活をしている　その信仰から日本は神国であると云うことを口癖の様に云う、この一言で充分にわかるではないか

2、天皇は国民の総代表　国家の根柱　について

天皇は国民の総代表と云うことを外国の大統領の如くに考えるのはどうかしている方案の註の一に日本天皇は外国の如き投票当選による総代表ではない　日本はかかる国体にもあらずと明言している　且つ国家の総代表が投票当選によるものと或る特異なる一人（日本の如き）のものと比して　日本天皇は国民の神格的信任の上に立たれる所の絶対の存在であることを云っている

日本に於ては天皇か国民の総代表で誰も天皇に代ることは出来ないのだ　中世に於ては　国民の代表か徳川大君であったり足利義満であったりした　此の如きは絶対に日本の国体に入〈容〉れないと云うことを断言したのだ　改造方案を読む者がこの点をよく読んでいないので常に変な誤解をする

3、国体に三段の進化があると云うこと

これは云う迄もない　国体には三段の進化がある　軍人勅ユの前文に明かに三段の進化を詔せられている　国体とは三種神器そのもののみではない　法的には主権の所在

を国体と云うのだ　中世に於て主権の所在は武家にあった、軍人勅ユに「政治の大権も又その手に落ち」と詔せられているではないか　これは明かに武門が政治大権を握り天皇は皇権を喪失しておられた事を意味するのだ

余が思想信念を述べたが　裁官の旧世紀的頭脳にはピンと来ぬらしい　藤井はシキリと事実シンリに入らんとする　余はアク迄頑張ッテ事件の原因動キ等を述べんとしたか　藤井のシツヨウな事実シンリ追及にまけて二日目にとうとう行動事実の陳述をするに至る　行動事実は予審に於て云える所と大差なきを以て小時間にておわる　余最後に事件の重大性をのべ結論とせんとしたが裁官がえんぜずして余の陳述は竜頭蛇尾におわる　無念のあまり獄舎にかえりて数時間もだえた、大臣告示、奉勅命令、戒厳令に関する事も充分に云うことが出来ずに終った事は同志に対してすまぬと云う心がムラムラと起きて残念でタマラズ　涙も出ヌ苦シイモダエで二日バカリ食事がとれなかった、

余について　香田、栗、丹生、林、池田、中橋、中島、安ド、坂井、高橋、安田、トキワ、ムギヤ、鈴木、清原、対馬、竹島、田中、山本、渋、今泉の順序に訊問あり

大体各人半日（二時間半）か一日足らずの陳述にて終り事実シンリのみを訊問せられた、国体観については聞こうとしないでイキナリ北一輝の改造方案に共鳴せるや否やをたずね

その返答にて思想動向の全般を推理してしまったのだ余はコレハイケナイ事になるぞ日本改造方案及び北、西田両氏になんくせをつけるつもりだと考えざるを得なかった、

熱血至誠の丈夫渋氏の如きは全身の赤誠をしぼりて裁官に訴えたるも裁官等ハ馬鹿にした態度さえ示し　中にはアクビをしヨソ見をなして　渋の高論大説至誠一貫の語は聞コウとしない　特に航空兵大尉の裁官の態度最も悪し、山本又君は其の宗教信仰より国難を説いて　立正安国論を読めと教官に向って叫びたるも裁官ワカラズ一笑に付し去ッタ
対馬国法の意義を説かんとしたるも　法ム官　国法の説明を被告よりキクの要なしと云いて叱る、検察官タル小男不快の法官は対馬の言葉尻りをとらえて法庭を侮辱するかと叱る
　余はとびついて行ってノドにくいついてやりたい憤激をおぼえた　法庭を侮辱するのは吾人に非ずして彼等ならずや　陛下の法庭に於て白昼公然と司法権のワイ曲〈歪曲〉が行われているではないか　司法大権を彼等が自ら天皇の名に於て侵しているではないか　彼等の態度は何ダ　アクビをし　居ねむりをし　終始顔をいじり〈顔面シンケイ痛の少佐裁官〉〈居ねムリ〈居眠り〉は肥大せる少サ裁官〉等々出タラメのかぎりをしているではないか
藤井の如き吾々をカラカウ様な言動をさえした、
坂井に対しては斎ト〈斎藤実《まこと》〉を四八発も射ちたるはザンコクなりと叱り高橋に対して渡辺〔錠太郎〕を十七発も射ちたる上軍刀にて斬りたるはザンコクなりと云いて叱り　若い純心な同志をしてイタミ入ラセ様とするのだ　公判の公正もクソもあったものではない

裁官の訊問方法極めて冷コクなる為　鈴木、清原の両人ハ遂イニ同志に非ずと云い　同志の思想をナジリ且国家の現状を止むを得ざる当然として是認し　財バツ政党等を讃えるの奇異なる陳述をした、清原の如きは磯部村中にだまされたとの意をもらし　鈴木も又　磯部にダマサレたとの意を陳べた

余も他の同志も悲憤したが如何とも致し方がなかった、

池田、林、トキワ〈常盤〉の如き堂々たる信念を以て軍首脳部をナジリ　国家の現状を憂うるもありたるに清鈴ハ正反対のことを陳べるに至った、

然し全般から見て同志は実に偉大だ　特に若い同志に偉大な人物が多い　安田の如きは熱叫軍の態度を攻撃し　伏マ殿〈伏魔殿〉軍中央部の非をアバキ、軍に大財閥の力が入る時には国体国家を危くすると怒り徹底的に軍閥を攻撃した　彼の最後の一言「軍は自ら墓穴を掘れり」は　昭和維新を語る後世の徒の銘記すべき　名言と云わねばならぬ　安田はサイト〈斎藤〉に第一弾をアビセ　渡辺をオソイ　一人二敵をタオシタル勇豪の同志、剣に於ける彼の勇は言論にも雄であった、余は　彼の言をきき余の云いたきことを全部云いツクシテ呉れたるを深謝した、

全同志等シク兵教育ニヨッテ国家改造の必要を痛感せるを陳べ　ソノ兵下士の家庭を思い窮乏国民の家庭を思い国家の前途を憂うるの情誠に痛切なるものあり流石専横の裁官も謹聴せざるを得ざる状況があったのはイササカの喜びであった、

然シ一人僅か二、三時間の陳述では二月廿六日以後三、四日間の事を陳べるにヨウヤクであって　原因動キ社会状情〈状況〉思想信念等は殆ドノベル事が出来ナカッタ　人間の生、死、を決定する重大裁判、国家の興廃を定める重大公判　国体の擁ゴをすべき重大弁論が二、三時間でキメラレるのだ　残コクではないか　暴挙ではないか　コンナ裁判なら徳川時代の方がまだよほどましだ　法治国日本は徳川時代否それ以前の無法律戦国時代に逆進してしまったのだ

同志は公判日には顔を合わして悲憤した、安政の大獄よりひどいぞ、軍部は吾人をヤミカラヤミに葬ろうとしているぞ　負けてはならぬ、どうしても勝たねばならぬ　正義をとおさねばならぬと憤りを極度にあらわした、殺しはしないだろうなあ　まさか殺しはすまいと云うあわい安心を求めようとするのだがどうしても殺されそうだ。同志は次第に深刻な表状〈表情〉をし出した。

五、求刑について

山本又、今泉を除き他は全部死刑　　山本十五年、今泉七年　一同無言、同志に話しかけられると、何に　死はもとより平気だと云って強いて笑わんとするが　その顔はゆがんでいる　こんな表情を余は生来始めて見た　余も亦歪める笑をもらした、泣きたい様な怒りたい様な笑だ　自分で自分の歪んだ表情、顔面の筋肉が不自然に動くのがわかった、イ

ヤナ気持ダ　無念ダ　シャクニサワル　が復讐のしようがない
論告は特に出タラ目ダ　民主革命を強行せんとしとあるに至っては一同慄然とした、吾人の行動を民主革命と称するのだ　国体を理解し得ない維新を解し得ぬ輩がよって、たかって吾人に泥をなすりつけるのだ
余は思った　よろしい　貴様等がそれ程低劣な輩《ヤカラ》ならば余は民主革命でも何でもいい　民主革命と云う名称におそれはしない　ただうらむらくは国法を守る法城の士が民主も君主も維新も革命もわからず　国体も歴史も天皇も　皇室も　国民も　国奸もわからぬ程の者であるのに
憶面〈臆面〉もなく陛下の法庭に立ちて吾々を裁くと云うことだ。獣類が人間を裁くのだと云えば最も適切である　吾人の如き忠漢、義士、が思想も信仰もない唯暴力だけを有する野獣の群にさばかれるのだ　うらみ多き事ではないか　進化せざる時代、社会の先覚者が　その犠牲となるのだ　惜む可しと云わずにはおれない
このヒドイ求刑を受けの〔た〕に余はまだ相当の安心をもっていた、安心と云うのは求刑を極度にヒドクして判決に於て寛大なるを示し軍部は吾人及び維新国民に恩を売らんとするのだろう、と云う観察だ　この観察は日時がたつ程正しいと思える様になった、他の同志はも早死を観念しているのに余は独り楽観して栗あたりから　磯兄は永生きをする　殺されるのがきまっているのにそんなに楽観出来る様な人はたしかに永

生きをする等と云いて冷かされた、栗から磯部さんあんたは不思議な人だ　あんたに会うと何だか死なぬ様な気がする等と云われたこともある　余は七月下旬には出所出来る　出所したら一杯飲もう等云いて栗、中島、をよろこばしたものだ、軍部や元老重臣が吾々を殺そうとした所で日本には陛下がおられる

陛下は神様だ、決して正義の士をムザムザ殺される様な事はない又日本は神国だ　神様が余等を守って下さると云う余の平素の信念がムクムクと起って来て決して死刑される気がしなくなったのだ

六、判決（七月五日）

死刑十七名、無期五名、山本十年今泉四年　断然タル暴挙判決だ　余は蹶起同志及全国同志に対してスマヌと云う気が強く差し込んで来て食事がとれなくなった、特に安ドに対しては誠にすまぬ　余の一言によって安は決心しあれだけの大部隊を出したのだ　安は余に云えり「磯部貴様の一言によって聯隊を全部出したのだ　下士官、兵を可愛そうだと思ってくれ」と　余はこの言が耳朶《じだ》にのこりてはなれない、西田氏北先生にもすまぬ　他の同志すべてにすまぬ　余が余の観察のみを以てハヤリすぎた為めに多くの同志をムザムザと殺さねばならなくなったのは重々余の罪だと考えると夜昼苦痛で居たたまらなかった　余は只管に祈りを捧げた　然し何の効顕〈効験〉もなく十二日朝同志は虐殺、されたのだ

附記　1、求刑の前に証コ証人調べがあった、各証人特に川島、山下、古荘、村上各官等事件当時の態度を一変して俄然吾々を反徒賊軍視シタ証言をしている　特に川島の如きは大臣告示を自ら出しておきながらあの告示は説得の案なりと称して無意義のものにしてしまっている　村上の維新大詔案もウヤムヤにて　そんなものではないとの　証言　山下はヌラリと逃げて知らぬ顔の半兵衛をきめこんでいる　真崎も相当ニズルク逃げをは〈逃げを張〉っている、真崎は吾々に対しハジの上ヌリをスルなとさえ云っている　軍部上級将校のヒ怯〈卑怯〉なるは憤激にあまりあった、又戒厳司令部の機密作戦日誌には謀略の為戒厳軍隊に編入した旨を記している、まるでウソばかりの証言だ　コレデハ吾々もたすかりッコないと全同志は考えた、

2、余は公判の陳述おわりたる六月下旬頃　荒木、真、川島、阿部、古荘、香椎、戒厳参謀長、山下、村上、鈴木、橋本、馬奈木、堀第一D、小藤、西村等十五を反乱幇助罪にて告発した、コレ等十五名は余等が死刑になれば等シク刑せらる可き程の有力なる幇助をしている　余が告発したる理由ハ軍閥を倒したき為メデアッタ　コノ十五名を刑スルコトになれば軍内はカナエの沸く如くなるコレニ依ッテ軍閥は互いに喧嘩をはじめ自ら倒れるに到る、今の世に軍閥を倒さずに維新と云うことはあり得ない　余は既成軍部は軍閥以外の

何物でもないと信じている、荒木、真崎も南も林も軍閥だ　而して中央部の幕僚は軍閥のタマゴだ軍隊の将校は軍閥の出店につとめる店員だ、決して陛下の軍人ではないと確信している故に、この機会に軍閥を完全に倒したかったのだ、三月事件は村兄に相談した上村兄より告発する　その他十月、及昭和八年十月事件等をバク露して軍閥の互戦交争を策した、従って真崎の口添えで森〔伝〕氏より受けたる一月二十八日の五百円事件も自らバクロした　コレをバクロすれば森氏にメイワクのかかる事を知っていた、森氏には余は個人的に世話になっているので情に於てシノビナカッタけれど　革命に涙は禁物と云う真理はすでに二月二十八日午后陸相官邸で実感したので涙をフルッテ真崎、森の関係ヲバクロした　コノ為めに森氏真崎は共に入所し余は両人に対決せねばならない羽目になった、真崎とは七月十日に対決した、真崎は余に国士になれと云いて暗に金銭関係等のバクロを封ぜんとする様子であった、余は国士になるを欲しない、如何に極悪非道と思われてもいいから主義を貫徹したいのだ　だから真崎の言は馬鹿らしくきこえた、余は真崎に云った、大臣告示も戒厳軍隊に入りたる事もすべてをウヤムヤにしたのは誰だ、閣下はその間の事情を知っている筈だから純真なる青年将校の為に告示発表当時　戒厳軍編入当時の真相を明かにして下さい　これによって同志は救われるのです　閣下は逃げを張ってはいけない、青年将校は閣下を唯一のたよりにしているのだ　故に軍内部の事情を青年将校の為めにバクロして下さいと願って簡短に引きあげさせられた、

予審官？　たる藤井は余の論鋒をおそれてオロオロしていた、余等を死刑にしたのは藤井等だからおそるるのもムリはない

3、検察官（沢田氏、畑氏）の言動より察するに、余の告発したる十五名は遂次に入所せざるべからざるに到る模様なり　又三月事件もシンリ中らしい、

参謀本部では命令には謀略はないと云う意見が出て来て　これが為め法務部はコマッテイルラシイ、然り命令には謀略なしと云うが真理である　コレハ面白イ事になって来たと秘かによろこんだ

西、北氏ハ判決文中から民主革命を強行云云の文句がなくなったから　或は助かるかも知れぬが幕僚は西、北の首をねらっているらしいとの事、深痛々々

宇垣一成等九名告発書

〈編集部註／以下は林茂編『二・二六事件秘録』所収〉

検事総長殿

左記の者は別紙記載の通り内乱予備罪に該当すると認め告発致候《いたしそうろう》間審理相成度候《あいなりたくそうろう》。

左　記

陸　軍　大　将　宇垣一成

陸　軍　中　将　二宮治重

同　　　　　　　小磯国昭

同　　　　　　　建川美次

陸　軍　少　将　重藤千秋

陸軍砲兵大佐　橋本欣五郎

陸軍歩兵少佐　田中　清

法　学　博　士　大川周明

　　　　　　　　清水行之助

別紙

犯罪事実

一、前掲宇垣一成（当時陸軍大臣）、二宮治重（当時参謀次長）、小磯国昭、建川美次（当

時参謀本部々長）、重藤千秋、橋本欣五郎（当時参謀本部々員）田中清（当時陸軍省課員）、大川周明、清水行之助等は、内乱を構え、宇垣一成を首班とする軍政府を樹立し、戒厳令下に軍中央部の抱懐する国策を遂行せんと欲し、昭和六年二、三月頃相結んで陰謀画策し、着々其準備を進め、三月某日当時開会中の議会に於ける重要法案上程の日を期して大川周明の主催を以て国民大会を開催し、これに集合せる民衆を煽動して議会に殺到せしめ、一方帝都衛戍の軍隊の一部に命じて「行軍中の休憩」と詐称して予め議院附近に招致し置き、右民衆の殺到するやこれに対し議会を掩護すべき任務を与えて議会を包囲せしめ、武力を以て議会を強要し総辞表を捧呈せしめて政変を誘致し、且《かつ》、宮中工作の強行によって次期総理の大命を時の陸相宇垣一成に降下せしめんとせり。

　而して戒厳令下にその政策を強行せんが為《た》め、清水行之助等民間浪人に擬包音（爆薬）三百箇を与え、帝都各所に於て爆発し騒擾を惹起せしめ、以て戒厳令宣布の事態を誘起せんとせり。本事件は国民大会に予期の成果を挙げ得ざりし等実行上の齟齬《そご》蹉跌《さてつ》のため未然に終了せるものなり。

二、右擬包音に関する事項左の如し。

　橋本欣五郎は爆弾準備の任に膺《あた》り、長勇中佐（当時大尉、参謀本部々員）に之《こ》れを命じたるに、田中軍吉大尉（当時中尉、近歩三聯隊付）が「ダイナマイト」を入手して長勇に手渡すべしと約したるを以て大いに歓び居りしが、田中軍吉が約を果たさざるため爆弾の準備不可能となりしを以て、橋本欣五郎は同志に対し面目なしとて三日間欠勤し引籠り居りたるに、建川美次がそれと知り自ら陸軍歩兵学校長宛照〈紹〉介状を認め、橋本欣五郎を同校に派遣せり。橋本欣五郎は田中弥大尉（当時参謀本部々員）を伴い、演習中の歩兵学校長代理筒井正雄中将に習志野に於て会見し、事情を具陳して爆弾調弁方を依頼せる結果、橋本、田中両人は歩兵学校副官高浜某大尉と同行、程ケ谷某火薬工場に到り、歩兵学校発行の伝票にて擬包音三百箇を購入し、三名にて之れを参謀本部に携行せり。参謀本部に於ては部員を動員して内外の交通を遮断し厳密裡に同擬包音を建川部長室に搬入し、后日前記目的のために清水行之助等に之れを手交せり。

荒木貞夫大将の陸相時代、民間に散在しありしこの擬包音を苦心の結果回収し、歩兵学校に返還し、且、技術本部々員山口一太郎大尉に命じてその効力試験を行わしめたる結果、人馬殺傷の効力を有すること判明し、同大尉はこの儘《まま》放置せば爆発の危険ありと認定し、廃棄処分にすべきことを注意し置きたるにも拘らず、同校に於て其処置を怠りたるため、后日自然発火して爆発し、一倉庫を粉砕せり。

昭和十年七月教育総監更迭を繞《めぐ》り統帥権上の問題発生せし当時、非公式軍事参議官会議の席上、荒木大将は右試験に使用せる擬包音の破片を証拠物件として、永田鉄山（昭和六年頃の陸軍省軍事課長にして本事件に参画せる一人なり）等が従来各種の陰謀をなし軍の統帥を攪乱しある事実を指摘し、真崎総監の更迭より是等《これら》皇軍を攪乱しつつある者を先ず処分すべきことを痛論せり。
三、右世上「三月事件」と称しある事件の内容に関しては、昭和十年七月告発人村中孝次、磯部浅一の両名より陸軍当局に具進〈具申〉せる「粛軍に関する意見書」と標記せる上申書中の附録「田中清少佐手記」に詳細に記載しあり。
　田中清少佐は当時同事件に干与〈干与〉し（田中清は当時大尉にして、同人が自ら告発人村中孝次に語る所によれば、橋本欣五郎より「本計画は佐官以上にて実行する予定なりしも、君はこの方面の研究家なるを以て特別に参加を乞う」と勧誘せられて本事件に関与するに至れりと）、重要謀議に参画せる一人なり。「田中少佐の手記」は同人が嘗《かつ》て旧旅団長石丸少将の乞《こい》に応じて自己の干与せる三月事件及《および》十月事件の経緯を手記せるものにして、后日世上に流布せるものにして、田中清は本手記は同人の作成せるものなることを村中孝次に言明せるものなり。

「備考」「粛軍に関する意見書」后日証拠品として呈出す。
四、第二項記載事項前半は高浜某が元陸軍歩兵大尉山口一太郎に対し談話せることを主体とするものにして、后半は陸軍少将平野助九郎が告発人村中孝次、磯部浅一に語りたる所なり。山口一太郎、平野少将、荒本〔木〕大将を証人として喚問ありたし。
五、右事実を要約するに、本事件は時の陸相始め軍首脳部が相結托〔託〕し、兵馬大権を簒奪して軍隊を頤使《いし》私用し、至尊を強要し奉り、議会を占領し、且、民間右翼団体を利用して動乱を惹起し、戒厳令下に軍政を強行せんとし不軌大逆の簒奪行為にして、国体を破壊し幕政時代の中世へ逆転せんとせしもの、その絶対に許すべからざる内乱（反乱）の予備行動なりしこと極めて明瞭なりとす。

〔底本註／便箋六枚にペン書き。原文かたかなまじり〕

獄中よりの書翰

〈編集部註／以下、「獄中より森伝氏に宛てて」（一）～（二）は河野司編『二・二六事件』所収。森伝は、一八九一年愛媛県生まれ。一九一三年早稲田大学理工科入学、一七年早稲田騒動により退学、その後対外青年同志会・興国青年会等を組織、一九年縦横倶楽部を組織。戦後は文明協会を組織。五四年死去／国立国会図書館に「森伝関係文書」がある〉

〔底本註／和紙に毛筆でしたためたもので、一葉ごとに第一第二と記し、八枚にわたっている。これがどうして持ち出されたかは今も不明であるが、おそらく好意ある看守によって届けられたものであろう。宛名は単に先生机下、となっているが、文意や内容などから、森伝氏に宛てたものであることは間違いない。

なお文中、真崎大将と磯部との関係において「金銭関係を云わざるを得なくなった云々」とあるのは、事件前、磯部が真崎大将を訪問し、五百円の金を無心した時（前項「行動記」二二四頁参照）、真崎大将は、――磯部がその金の使途を説明したかどうかは不明――自分は持合せがないが、森氏の所へ行って頼んだら出来るだろうと指示した（昭和三十年、真崎氏より直接聞いた話で確実である）ことで、磯部はおそらく、森伝氏からその金額を受領したのであろう。「金銭関係云々」は、このことを指しているものと思われる〕

獄中より森伝氏に宛てて（一）

出所の由、大慶至極欣快云う所を知らず。先生、先生と小生とは相識《あいし》りて久しくはありません。然し一見して旧知の如きは、先生の鴻志《こうし》と小生の微志と相通ずるものがあったからだと信じます。今年一月以来、会を重ねる毎に、先生の邦家に対する純正報効の志を知り、小生秘かに教《おしえ》を机下《きか》に受けて居りました。

二月二十五日、尊皇討奸を決して血盟の同志遂に蹶起し、乾坤一擲《けんこんいってき》して皇家の非運を挽回せんとしました。所が事志と大いに異り、千五百の同志将兵は国賊叛徒として一網打尽、刑につかねばならぬ身になりました。

二月二十九日、入所以来小生は如何にして千五百将兵の賊名を取り除き、叛乱罪たることを破砕せんかに千慮万考、殆ど血滴をしぼりへらし、骨ズイ〈骨髄〉をスリ減らしました。その結果得たる所は、僅かに天神地神冥々《めいめい》〈銘々〉の加護をたのむ事と、川島、荒木、真崎、阿部、香椎、堀、小藤等諸氏の理解と同情に依て、将兵多数同志を助けてもらう事でした。

神冥〈名〉加護の事は云うに及ばざるも、川島、荒木、真崎等、将軍の事については一応の策を考えざるを得ませんでした。即ち、三将軍及び他の参議官一同が、二月二十六日発表の大臣告示の意義を充分たらしめる事によって、小生等の行動を軍首脳部が認めた事になるのです。又、告示によって認められた蹶起将兵は更に天皇宣告の戒厳軍隊にも編入されたのですから、川島を第一とし、荒木、真崎、香椎将軍等が小生等に対して、少しく腰を入れて呉れたら必ず事は有利に進展すると考えたのです。

それですから、川島、荒木、真崎、香椎、山下奉文、村上啓作等に対して、有利なる証言をして呉れることを一念に祈願しました。事を解決するの鍵は、川島等数氏にあって、これらの諸氏が青年将校の行動を認めたのだと一言云って呉れさえすれば、千五百全部助かるのだ。陸軍そのものが助かるのだ。軍首脳部からも責任者など一人も出さずにすむのだと思うと、川島、荒木、真崎、山下、古荘、村上、香椎等の諸氏の証言がどれだけ大切で、又どれだけ小生には心配であったかわかりませんでした。

所が入所して日時の経過するに従って、軍首脳部の公判方針等がチョロチョロと出かかり出しまして、小生はそのたびに心痛をせねばならなくなりました。それは前記諸氏が小生等を全く国賊あつかいにし、叛徒として無茶苦茶な証言をしているのです。これでは助かりそうにはない。全部処刑され、死刑も多数あるという様になることを思うと、私は同志に対して、立っても居てもおれない程にすまなくなりました。

数日数夜を考えあげた末に、遂に意を決して真崎、荒木、川島、阿部、香椎、安井戒厳参謀長、古荘、山下、堀等十五氏を告発しました。

理由は「是等諸子は青年将校の叛乱を幇助した者だ、川島の如きは大臣告示を出し、香椎は戒厳軍隊として命令を以て青年将校の部隊を指揮したのだから、青年将校が叛乱罪なら軍首脳部は幇助だ。否、陸軍そのものが幇助したのだ。陸軍が助かりたく、又軍首脳部が助かりたいなら青年将校を助けよ」と云う意味であったのです。

小生は此告発によって、陸軍の弾圧派に挑戦した迄の事ですから、必ずしも諸将軍等に敵意を有していたのではありません。要は陸軍の寺内その他幕僚等、弾圧派に対して挑戦し、敵をして策なからしめた結果、同志を救助しようと考えたのです。

この小生の対公判策を有利に発展せしむる為には、真崎将軍をカツギ出すより外に仕方がないのです。唯単に真崎を出した丈では、真崎が知らぬと云えばそれ迄になってしまうので、勢い金銭関係を云わざるを得なくなったのです。真崎と小生等と、精神的に又物質的に深い関係がある事になりて、真崎が「僕は青年将校の行動を認める、俺ばかりではない、川島も事件当時は大臣告示を出して認めている。川島のみならず軍事参議官全部が認めたのだ。寺内も認めたではないか。それのみならず大臣告示中には、各閣僚も青年将校の真精神を理解して、今後『匪躬《ひきゅう》』の誠を致す事と明記されているのだから、青年将校の行動は罰してはならぬ。青年将校を罰するなら軍事参議官全部、特に川島は厳罰になり、又、現寺内大臣にも責任がある筈だ。又殊に天皇宣告の戒厳軍隊に編入され、戒厳命令によって警備地区をもらって警備をしているのだから、絶対に罰してはならぬ」と云うてくれたら、吾々は非常に有利になりますので、小生としては先ず真崎にウント強いことを云ってもらい、川島その他をも同意させる事にせねばならないと考えました。

川島が真崎の言に同意し、荒木も同意し、香椎も同意せば、寺内だって吾々同志を処刑する事は出来なくなると考えました。それで恐らく叛乱幇助罪で告発したら、川島等も多少反省して、吾々に対する証言を有利にして呉れるだろう、又寺内も川島、真崎、荒木、阿部等大物を処刑するわけにゆかなくなり、ヒイテ吾々同志も助かることになるだろうと思って告発しました。

大体以上の様ないきさつから、真崎将軍の事を比較的くわしく述べ、又川島将軍の事、先生の事に及び清浦子、大隈伯と佐賀閥の事にも及びまして、真に止むを得ず同志を殺さぬ為真に止むを得ず、先生を引合いに出して意外の御迷惑をかけ、誠に相すみませんでした。

先生、磯部と云う奴は恩を仇でかえす奴だと御叱り下さらずに、小生の同志を救う為の非常手段を許して下さい。

何事も邦家万年の為めなれば御海容下され度、伏して願上ます。

小生の止むを得ざる失言の為めに、先生に永い間の牢獄生活をさせた事を非常にすまなく思って居ります。

何卒御海容下さい。

＊　　　　＊

獄窓僅かに天の一角を仰げば、熱雲厚く、将に邦家今日の状を示すものの如し。小生日夜酷熱とたたかいて、皇国の前途を祈願しあり、余生甚だ少しと云えども精魂続くかぎり、天地神霊に祈りて止まざるこそ憂国の真の道と信ず。されば百度の熱気にも、千万の蚊蠅にもひるむものにあらず。一念一信断じて止まじ、断じて止まじ、断じて死せじ。

＊　　　　＊

右、所懐いささか申上ます。

御家族様御一同に呉々もよろしく御伝えを願い上げます。参上の度毎にいかい御手数などかけ、感謝の至りで御座います。

特に御令息、秘書殿並びに運転手殿にはたびたび御世話様に相成りました。厚く御礼を申上ます。

先生の御健康を祈ります。

菱　海

先生　机下

二伸　日本の道は、一日も速かに維新大詔御渙発と憂国多数同志の大赦によって、新進路とる以外にありません。

獄中より森伝氏に宛てて（二）

一、此の頃は猛烈な祈りの生活を致して居ります。維新と云うことは結局祈りです。国家改造の具体案でもなければ、又改造すること、その事でもありません。祈りです、行です。牢獄につながれず、刑も一度だって受けない様な者は、維新の聖業に従う資格はありません。今度の繋獄で、先生は大資格をカク得した様なものです。呵々。

私はお願いします。将来牢獄生活もしない国士、志士、自称愛国者は、維新戦線の軍司令官ではないと云うことを、天下の人に教えてやって下さい。

二、自作文の書中「吾人は霊の国家を有し、信念の天地を有す」云々は小生の平素の信念です。先生は小生の意中がよくわかると推察しますが、小生は現日本を小生の理想の日本とは考えていません。従って、日本中に小生の霊の統帥者は一人もありません。小生の霊、小生の信念、信仰は、或は現日本よりズット高い所にあるかもしれません。ですから小生は、日本国中の人と云う人、物と云う物、一切合財を見下しているのです。御シャカ様ではありませんが、天上天下唯我独尊などと云った様な気持で居ります。

三、冬のさむい日に二階応接間で炭火をかこんで、国事を痛嘆した日の事が思い出されて仕方がありません。

四、家族及知友にやる遺書をしばらく御あずかり下さい。危険ですから充分御気付の程願います。本遺書は小生の処刑後、妻か弟に御手交下され度願います。

五、軍当局は非常なる注意を先生にむけて居ると思います。切に御自重を祈ります。

〈編集部註／以下、「獄中からの通信」（一）～（五）は林茂編『二・二六事件秘録』所収〉

獄中からの通信（一）

一、湯浅を失脚させるには左の方法も一案ならん。

去る三月一日宮内大臣（湯浅）の名に依って同志将校二十数名が大命に抗したるものとして免官になりました。所が同志将校は決して大命に抗してはおりません。この事は予審及公判に於て段々と明かになったのです。即ち最初の公訴事実には宮内省発表と同様に大命に抗したる国賊反徒としてあったのですが、公判廷に於て同志の猛烈なる反バクにより大命に抗したるものに非ざることが明かになりましたので、判決主文に於ては大命に抗したりと云う文句は完全に取り除かれたのです。そもそも大命に抗したりと云うのは何を以て然かと云うかと申せば、所謂奉勅命令をきかなかったから大命に抗したと彼等は云うのです。所が吾々は決して奉勅命令に反抗した者ではありません。命令に反抗すると云うことは、反抗する以前に於て命令が完全に下達されておらねばならぬわけであります。然るに所謂奉勅命令は二月廿九日に至る迄とうとう下達されませんでした。下達されない奉勅命令に反抗すると云う筈はないのです。奉勅命令が下達されなかった事は何人が何と云いのがれをしても動かすべからざる厳然たる事実です。

吾々は断じて奉勅命令に抗してはおりません。然るに、此の青年将校を大命に抗したりとして免官し天下に公表したのです。上陛下をあざむき奉りたるつみは許しがたきものと云わねばなりません。此の責は当然に当時の大臣たる湯浅及軍部幕僚が負わねばならぬ筈です。川島は責をとって引きましたが、湯浅は平然として今尚お陛下をあざむきつづけておるのです。速かに天下の正論に問うて彼を一日も早く引きたおしてしまわねば国家の大患となります。

湯浅をたおすことが出来れば鈴木貫太郎は自然に、当然に、たおれましょう。

陛下の側近に侍る臣は、天下の師表国家の柱石的人材でなくてはならぬ筈ですのに国民から斬撃された不具者が何時迄もぼやぼやとしていることは事態を悪化するばかりでなく天皇の神聖をけがしますから、鈴貫も湯浅同様早く始末せねばなりません。鈴貫、湯浅がたおれれば、牧、西等所謂不臣なる重臣は大体に於てたおれます。

重臣、元老を処置することなく、いくら政変をくりかえしてみても駄目です。絶対にだめです。ですから維新を希うものは先ず重臣、元老を第一に処置せねばならぬのです。重臣中の扇の要を処置すべきです。要は湯浅です。かなめを一本ぬき取ると扇がバラバラになります。恐らく寺内も、児玉も、木戸幸一もその他幾多の寄生虫がバタバタと参ることになるのではないでしょうか。

要するに、湯浅を倒す為めには奉勅命令の一件を以て天下に正論を起すこと、之と同時に陸軍部内の空気を反重臣的に起してゆくこと、且、正義派諸氏の鉄石の如き結束を必要とすることは勿論です。

二、統制派幕僚を倒すことは、なかなかむずかしいと思います。が、これには手段があります。真崎将軍によくよく御相談下さい。小生の意見を申しますと、表面は或る程度手を握らねばならぬと思います。今は腹が立つけれども、腹の虫をグッとおさえて表に出さぬことです。彼等の戦鋒を味方に向けさしては不利です。重臣に向けさせることです。広田内閣に向けさせることとです。維新派は統制派、或はその他アラユル力を利用して先ず重臣を処置することとです。統制派なんて云う奴はその存在はサク雑模楜〔糊〕していて、わからぬ情態になっているかと思います。

敵の見えない霧の中で大砲射っても駄目です。霧の深い時にしておかねばならぬことは味方の態勢をととのえることです。味方の大勢をととのえるとは予備の中将や大将やその他下らぬ政治家や浪人等をよせあつめることではないのですよ。よく考えて下さい。激戦に堪え得る勇将、勇士を呼びあつめて準備をすることです。

　今の世に激戦に堪え、戦勝を獲得し得るものは政治家でも大将でも陸軍大臣でもありません。青年将校です。今度コソイヨイヨ青年将校をシッカリと信頼して下さい。従来荒木も真崎もその他すべての連中が青年将校をないがしろにしたり、敬遠したりしていたので、どうもシックリとしませんでした。その為めに吾々は失敗したのです。老人連中が腰ヌケだから、多くの同志をムザムザ死刑にしてしまったのです。

　クドクド敷くなりますから結論を申します。

イ、大岸大尉を自職〈辞職〉させて至急に真崎将軍の顧問にすること、
ロ、全国に散在する青年将校及五・一五関係の士官候ホ生等と密接なる連絡を保つこと、
ハ、橋本欣五郎大佐その他との密接なる連繋を策すること、
ニ、神戸海員組合の松田氏より労動〈労働〉組合方面の意見等は充分に聴取すること（真崎将軍直接にヤルコト）、

　右の外幾多の手段により維新軍の結束をかため、大きく全国的に動く準備をしつつ、重臣と統制派とを圧迫して進むことが必要と思います。

　真崎閣下、青年将校を全部的に信頼し、誰にエンリョ気兼もせず堂々とヤラナイと又失

敗しますよ。天下何者も青年将校の信念と実力と思想と行動に敵するものはありません。

友軍の態勢が整うたならば戦斗〈戦闘〉開始です。

イ、青年将校蹶起の主旨は大権干犯の国賊を討ち、国体の真姿顕現をせんとしたものなりとの明らかなる旗幟を立てて重臣元老を攻撃すること、

ロ、大臣告示及戒厳命令をたてにとって青年将校の部隊は反乱軍にあらずと云うことを主張し、反乱軍として裁判をしたる統制派を根底より覆すこと、

大臣告示は陸軍省の奴等の合議によって説得案と云うことになっています。又戒厳命令は青年将校の行動を認めたるものに非ずして謀略命令だと云うことになっています。然し告示は断じて説得案ではありません。今後寺内等を引きたおす為には真崎さんが大臣告示は説得案に非ずして青年将校の行動を認めたるものなり、と云うことと、戒厳命令は青年将校の行動を認めたものであって決して謀略命令ではないと云う二ツの事をアク迄主張したらいいのです。寺内等の一味は必ずたおれます。

この二つの事を主張する為には真崎、川島、山下、香椎の一致結束を要します。

も少し突込んで申上げますと、次の様なことが告示及戒厳命令の真相です。

大臣告示が二月廿六日宮中に於て起案された時は青年将校の行動を認めたのです。これは何と云いのがれをしても駄目です。公判に於て明かになっています、から、先頭第一番に軍の長老が認めたのです、ですから、香椎さんがよろこんで司令部に電ワをかけたので

す（この辺のイキサツは真崎さんがよく知っているでしょう）。

後に如何に訂正され様とも、先頭第一に軍の長老が青年将校の行動を叱らなかったのみならず認めたと云う事実は厳として動かすことが出来ません。認めたからこそアンナ大臣告示を堂々と発表したのです。

若し今日彼等が言う如く吾々が二月廿六日に於て国賊反徒なることがそれ程明かであるならば、大臣告示を出す所ではなく、直ちに討伐の詔勅を載〈戴〉く可きです。然るに、アンナいい文句の大臣告示を出すと云うことは、その事それ自身が青年将校の行動を認めた事なのです。

したがって、大臣告示は断じて説得案にあらず。試みにアの告示の文面を検討してみて下さい。説得にあらずして青年将校を認めた事が明々白々になりますから。

たしかに二月二十六日当時に於ては軍部は青年将校の行動を認めたのです。所が参謀本部系の幕僚が策動して奉勅命令と云う重大なる命令をいただいて青年将校をオドシにかかったのです。然るに、青年将校の方では維新に進入する曙光の見える迄は断じて引かぬと頑張ったので、幕僚はアワテ出したのです。その結果遮二無二青年将校を退去させようとしました。ソシテアワテタ為めに奉勅命令が完全に下達されたか否かをもしらべずに、下達されたものとして大命に抗したりとの発表をしたのです。

サア大変な事が起ッタ。二十六、七日に於ては大臣告示でも青年将校の行動を認め、又、行動を認めた上で戒厳命令を下して吾々の同志部隊に警備を命じているのに、三月一日には大命に抗したと云う発表をした。軍は完全に窮地に立ったのです。

即ち大命に抗したる程の者に大臣告示や戒厳命令を下したと云うことは軍全部の責任になるわけです。大臣告示は行動を認めたるものと云えば、軍そのものが（軍首脳部）が青年将校と一諸〈一緒〉に国賊にならねばならぬ羽目になったのです。

コレハ大変だと思って、至急に大臣告示は説得案なり、戒厳命令は謀略命令なりと云って、逃げをはり出したのです。（いいですか。わかりますか。面白いところです。大将とか中将とか軍中央部とか云う連中は腰ぬけですよ。逃げをはらなかったならば、而して青年将校をアク迄支持したならば、次の時代の花型役者たり英雄たり得たのですが、一人もそんな腹のシッカリしたのが居ませんでした（逃げをはるものですから、磯部菱海など云う浪人から告発されたりするわけです。呵々）。

話は本すじにもどって、寺内等をたおすには、先ず第一に大命に抗しと云う宮内省発表の不当を迫り、重臣をたおす。

而して青年将校は大命に抗したるものに非ずと云うことを明かにすると、あとはカンタン至極です。

青年将校は国賊に非ずと云うことになります。然らば青年将校は反乱罪なりやと云う次の問題が起ります。これは又カンタンにかたづきます。青年将校は反乱にアラズ、何となれば反乱軍に大臣がアノ如き立派なる告示を出すハズナシ、アの大臣告示は青年将校の行動を認めたものだ〔と〕主張すればいいのです。更に、青年将校は反乱にアラズと断呼〈断乎〉として続けるのです。何となれば天皇宣告の戒厳軍隊の中に編入されたことは反乱に非らざる理由の最大なるものです。尚、戒厳軍隊になった青年将校は戒厳の警備命令を受けて警備をしているのです。反軍に警備を命ずると云うことは日本に於てアるべからざることです。

警備を命じた〔と〕云うことは、反乱軍にアラズと云うことです。此くの如く青年将校は明かに反乱罪ではありません。

然るにですよ、寺内等南等重臣等は一連の結束をして同志を反乱罪として死刑にしたのです。ですから、告示と戒厳命令の正当と正義をアク迄も主張すれば、青年将校は正しい、青年将校は反乱に非ず、死刑にスルトハ何事だ、一体誰が死刑にしたのだ、死刑にしたのは寺内、南、片倉等だと云うことになって、統制派はたおれます。

私は私個人の生死を云云《うんぬん》しません。然し私の正義、同志の正義をとおす為には、死の易きよりも生の苦痛の中に生きてたたかいます。私は今はむしろ死の方が楽です。然し正義の為めに生の苦痛をしのんでゆきたいのです。正義の為めに生きたいのです。正義を守らんが為めに死にたくないのです。私と村中が死刑から救われる〔と〕云うことは、単に二人の問題ではありません。維新派の正義が重臣等の不義に勝つことになるのです。ですから、私はキタン〈忌憚〉なく申しますと、天下の人ことごとくが村中、磯部、否十八の勇士、否全維新青年将校のシャク放運動の火の手をあげていただき〔たい〕のです。重ねて申します。私の自身の生死の問題ではありません。私の死刑問題を中心として非維新派とたたかって、彼等をたおして下さいと云うのです。全日本の愛国者にたのむのです。私の生死を云うのではありません。

以上のことは参考として申上げるのですが、青年将校及青年愛国者が日本の死活問題を握っているのです。いわんや老将軍、幕僚、軍部、政府、政治家、重臣等々の死活のかぎは青年が握っていることは申す迄もありません。青年を知らぬ奴はほろび、ほろぼされ斬られ、射たれるのです。よくよくこの道理を御考えの上、真崎さん末次さんとか山本英輔さんとかに青年をほんとうに大事にしてシッカリと手を握る様に申して下さい。

荒木も真崎も某も某も、今度こそシッカリしないと、この次には必ず青年将校に殺される様なはめになりますよ。

クドクドと理クツを云わないで青年将校を大事にしないと、必ずヤラレマスよ。

㈠　大岸大尉を至急上京せしめて真崎の顧問にしなさい。絶対に必要です。これをやらないと何が起るかわかりませんよ。私の云うことはウソではない。オドカシでもないのです。

㈡　満井中佐、菅波、大蔵、小川、佐々木、末松等々十数名が起訴されているのですが、これをシッコウユーヨにする様にして、一日も早く出所させて東京に置くこと。
㊂　山口大尉等無期の連中を維新大詔喚発〈煥発〉大赦により出所させること。
㊃　陛下に直通することが第一番です。宮様に直通することが第二です。この二要件をしないで倒閣をいくらしても真崎内閣は出来ませんよ。
㊄　若し内閣がたおれて軍内閣でも出来たら、軍部閣僚にクーデターをやらせて、大詔喚〔渙〕発をやることも一法だと思います。
日本の一切の所謂忠臣どもに、命がけでやらねば汝等の命がこの次にはあぶないぞと云うて下さい。

〔底本註／ノートに鉛筆書き。森伝宛か〕

獄中からの通信（二）

銃殺されたる十五同志は等しく閣下に対し非常なる尊信を致しておりました。私も十五同志と同様でありますのに、閣下等（川島、荒木、阿部、山下、村上等十五名）を反乱幇助で告発致しましたのは、同志を救う為めの止むを得ざる反間苦肉の策でありました。二月事件当時の軍首脳者たる前記十五氏が「大臣告示は説得案などにあらずして、青年将校の行動を認めたものだ。従って戒厳軍隊中に行動部隊を入れたのは謀略命令ではない」と云うことを一言ずつ証人として証言して下されば、同志全部がたすかるし、一方寺内軍政権はテンプクすると考えましたので、寺内等の統制派不純分子を失脚せしむるを最第一の目的として、告発と云う反間苦肉の戦法をとったのですから、決して閣下等に対して悪意のあるものではありません。

所が、川島、山下、村上その他の諸氏が大臣告示の意義を極めて低下してしまわれて、曰く、「大臣告示は説得案だ」と云われ、「戒厳命令は謀略命令」と云われますので、青年将校等は全くの反乱軍となって殺されるハメになりました。然し今となっては致し方ありませんが〈か〉ら次の戦法を考えねばなりません。次の戦法の方針は寺内をたおす事です。

〔底本註／半紙一枚に鉛筆書き。①の記号があるが、②以下なく、中断か。恐らく真崎宛であろう〕

獄中からの通信（三）

左記事項を参照して〇〇〇〇〔ママ〕に御相談を願う。

一、寺内の独裁政治を顚覆する為め三月事件告発により肉迫するは現下に於ける重要なる方策と信ず。故に不肖は五月二十九日附を以て高等軍法会議に対し、宇垣、小磯、建川、重藤、橋本の五氏を告発せり。

二、建川、橋本が予備役に編入せられし時に、検事総長に対し同事件を告発するは事態挽回の為め万望に堪えざることとなるも、告発の結果を司法権の公正なる発動に導びく為めには政治的妨害を排除し、且、検事総長をして決意をなさしむる有力なる作用あるを要す。

其一は、陸海軍の正義派（現役、在郷の）を結束し、これを中心とする一団の正論、其二は輿論の沸騰なり。これなくんば百の告発も当然に抹殺の運命を避くる能わず。

一、告発は不肖の名儀を以てすること困難なり。寧ろ荊妻《けいさい》〈自分の妻の意〉の名儀を以てするか、為し得べくんば有力者の名儀を以てするを可とす（大化会岩田富美夫氏等は可ならずや、民間団体の輿論の支持を受くる為めにも）。

告発に必要なる事実は、荊妻保管の「告訴追加」（村中、磯部両名より第一師団軍法会議に宛てたる未呈出のもの）と題する印刷物中の「三月擬包音事件」という項にて十分なり（山口一太郎氏を証人とすること――前記事項は同氏の直話なり）。又、被告としては、宇垣、建川、橋本、大川周明、清水行之助を選定せば可ならん。

一、荊妻をして告発せしむるを可とする場合、同人を引見の上、其方策、要領を詳密に教示ありたし。

一、輿論喚起のためには新聞を利用するを第一とするは明白にして、新聞社探訪記者に対し荊妻の近状として、宇垣、建川等を告発せること、告発の動機等を語らしめて新聞に掲載し得れば極めて効果的ならん。之れが為め東京日々社会部記者石橋某は利用価値あらん（同人は相沢中佐公判中山口大尉と連絡し特ダネ記事を掲載せり）。

一、陸軍不純幕僚を壊滅する為めには十月ファッショ事件を摘発するを可とす。同事件は六月上旬菅波三郎大尉より告発し、軍法会議に於ては或程度捜査を行いたる如く、又、同事件を熟知する大岸大尉（和歌山歩六一〈歩兵第六十一聯隊〉）は予審官に対し詳細陳述せり（林大将が中心的黒幕なりという――大岸大尉の言）。

本事件は海軍幕僚、海員組合委員長（浜田国太郎）等の関係あるものなるを以て、海軍司法権の発動により陸軍を牽制し得れば事態転換のため効あらん。

一、何れにせよ、正理正論の行わるる世にあらず。断圧〈弾圧〉の中心なる陸軍中央部は陰謀数犯の前科者の寄り合いなり。今次暗黒裁判の一例、七月十一日午後新井法務官が安田優に対し「北、西田は今度の事件には関係ないんだネ。併し既定方針で殺すんだ」と云い、果して去る十月二十二日死刑を求刑されたり。正法行われず非理法なる現時を打開して光明世界を求むる為め、不肖等は天を擁して剣の力を用いたり。必ずしも暴力と云うにあらず。強き正しき力の結束と其発動により事態を救わざるべからず。即ち海陸正義派の結束と正しき民論の指導とに期待す。

〔底本註／半紙二枚に墨書。森伝宛か〕

獄中からの通信（四）

賀　正　御元気ですか。小生は無やみに元気です。菅野教官によろしく御伝言下さい。
色々の事を真に感謝しております。

真崎将軍の為めに最も善い事は不起訴になる事だと考えてはなりません。不起訴になれば真崎の個人は救われます、が在獄中の数十名の同志はすべて実刑を受けねばなりません。

将軍は今将軍を尊敬する多くの青年と共に虎穴に入っているのです。虎児を得ることなく独り不起訴になって出所したならば、神も人も真崎を笑い、維新は真崎を見棄てるのではありますまいか。

将軍が若し非常なる決心をして青年将校の為めに戦い抜いたなら、真崎は日本の英雄になるのです。今や将軍は一大決心を以て自ら進んで公判庭〈公判廷〉に立つ可きではありますまいか。而して将軍と将軍の周囲は一致協力して、水も漏さぬ対公判作戦方針を速かに確立すべきではないでしょうか。

確呼〈確乎〉不抜の作戦方針を立て、之れに基き内外呼応して司法的、政治的従横〈縦横〉の戦斗を以てすれば、僭上専断な寺内等の方針を打破する位いな事は唯々〈易々〉たる事です。

必勝歴々です。

註

勤皇公卿とは百武、松平、小笠原、加藤寛治等々。

憐れみを敵の膝下に乞うて不起訴運動をしたり、不安の中にまん然〈漫然〉として日を過したりする事は、あまりに陸軍大将真崎甚三郎氏の為めになさけない事です。

何故攻撃をしないのです。

杉山大将を告発し、閑院宮様の御責任に及ぼし、且つ真崎の裁判官たる可き杉山等を事る如くする。

前に打ち倒しておく。

川島、香椎、前軍事参ギ官を告発して、二月事件の責任を全軍部に負わす。

右の告発が司法問題として発展しないなら、公開告発の方法により国民の正義心に訴える如くする。

同時に告発文を御上に密奏する。

勤皇公卿のブロック結成により上奏することも出来る筈です。方法はいくらでもあります。決心さえ強固なら如何なる方法でもあり、又之を貫徹する事もわけなく出来るのです。少くも真崎将軍の公判を勅命による査問会?位いの所迄もってゆく事は出来そうなものです。

此の査問会に於て正義派が青年将校の行動の正義を主張して勝てば、それが直ちに維新になり、真崎将軍が大勝する所以ではないでしょうか。

察するに青年将校の精神はいいが行動がわるい、青年将校は北、西に煽動されたのだ、吾輩（真崎）は青年将校と関係なしとか、磯部が真崎将軍を告発したのが悪いのだとか、死刑になったものは仕方がないとか、数十名の獄中の青年もまあ止むを得んと言った様な弱腰の為めに方針も立たぬ、攻撃をする気力もなく、仕方なく指をくわえて泣き面をしておるのではないでしょうか。

それでは駄目です。真崎将軍自身も青年将校の行動を全部的に認め、将軍の周囲の有士

〈有志〉も全力を以て将軍を激励し補佐し、敵の要点に肉迫せねばならぬのです。

問題はコチラの決心です。寺内が強いから、負けるのではありませんぞ。コチラの決心が弱いから、敵にスキな様にあやつられるのです。

ひそかに聞くと、将軍は獄中で意気消沈しておられるとの事、誠に気の毒です。荒木も川島も杉山も敵も味方も好妙〈巧妙〉に逃げてしまって、将軍一人いじめられているのは情に於て忍び得ません。然し将軍は日本にたった一人の勇士として今天の試練を受けているのです。

どうか将軍の事を思う外部の有士は絶えざる激励をしてあげて下さい。そして勇心ウツ勃〈雄心鬱勃〉たる大丈夫の意気を以て正義を公判廷に争わしてあけで〈げて〉下さい。しかも将軍の正義を貫徹させる為めに、宮中、府中をかため、国民の義心をさます等必死の御活動を御願いします。

何とかして御上から「真崎や青年将校の云い分が正しい。寺内がわるい」との一言をいただけないものでしょうか。

朕は青年将校の行動を許すとの一言でもいいのです。

維新の勅を賜わる事ならこの上の望みはありません。

去年七月十二日の朝まだき血涙を呑んで逝った義士等の魂を救ってやって下さい。成仏さしてやって下さい。

今獄中にいる数十名の同志は苛酷な求刑に怒り、切歯しています。何とかして彼等を救う道はないでしょうか。寺内が勝手にやっている出鱈目の裁判を真に陛下の大御心の及んだ明るい裁判にする事は出来ぬのでしょうか。

一言御言《コト》わり申しておきますが、

「磯部の奴、自分が助かりたいものだから、色々《（ママ）》んな策を用いるのだ。放《ホ》って置け置けでは一寸こまります。

私は何と思われてもいいのですが、放っておかれては多数青年将校が皆寺内の独断苛酷な判決に服せねばなりません。小生の真意を御汲《ク》みとり下さい。

実は十月頃勝治〈勝次〉将軍に、川島、香椎、杉山等を告発せねばいけないと云う意見を申込みました所、将軍は「磯部が妻君を使って検事総長の所へ訴えたらよかろう」と云う様な御話しだったのです。私はこの時実にガッカリしました。私は妻でも弟でも如何様にでも使います。然し、女子供を使って告発しても何の効果もあるものですか。此の告発問題は司法問題としてよりも政治問題として多くの発展性をもっているのですから、有力な外部の人によってなされねば効果がない事位いは勝治〈勝次〉将軍は知っておられる筈です。それにですね、あんなことを云われたので、一寸変な気になりました。然し、今は何とも思いません。只管に同志を救いたいだけです。

勝治〈勝次〉将軍が真に大局高所から見て兄将軍の事を考えられるならば、小生の意見をサイ用なさる筈と信じますから。
先生から小生の真意をよくよく御伝え下さい。獄中の将軍も小生に対しては未だ意がとけないと思います。先生に対しても何等かをふくんでいるのではないでしょうか。そんなケチな考えは棄ててもらいたいですね。先生が真崎将軍をかばって男児的態度をとってゆずらなかった事は、私と沢田さんがよく知っていますのですからね。

〔底本註／チリ紙五枚に墨書。森伝宛か〕

獄中からの通信（五）

失礼をかえりみず君国の為め閣下の御奮起を御願いしたく、いささか私見を申述《もうしの》べます。どうか御叱りにならないで、小生の真意を御くみとり下さる様伏して御願い申上ます。閣下の為めに最も善きことは不起訴になる事でありましょう。併し、若しそれが望めない事とすれば、公判を経て無罪になることであります。そして今は無罪になる為めに閣下の周囲を全動員して水も漏さぬ対公判作戦方針を速かに確立すべき時機ではないでしょうか。閣下を思うの士が不起訴釈放運動に熱中したり、閣下自らが不安の中にまん然として居られたりして、徒らに日子《にっし》を費すことは、今の場合閣下をみすみす危地に導くものです。一日も早く作戦方針を立て、之れに基き内外呼応して、司法的、政治的縦横の戦略を以て公判に対すれば、僣上専断な寺内等の方針を打破する位いな事は唯々〈易々〉たる事です。

必勝歴々です。

左に現下の情勢と参考となる可き方針をのべます。

どうか青年将校等の魂を救ってやって下さい。成仏さしてやって下さい。

情況

イ、百武侍従長、松平宮内大臣等がおられますので、宮中は非常に維新派に有利になってまいりました。小生が極秘裏に出した手記も確実に上聞に達した程であります。一条公、小笠原中将等が中心となり、専ら御上の御理解を深める様努力しておられます。

ロ、愛国団体は頭山満翁が中心になって大きな動きをしようとしています。神戸新日本海員組合の幹部（閣下御存知の松田氏等）も上京中で、此の人達を中心とし、橋欣氏等も加り、愛国団体と労働団体が一大結束を完成した様です。緩まんではありますが、戦況は逐次に吾に有利に動いています。決して失望してはなりません。最後の一瞬に於ける勝利を信じてどこ迄も正義の主張をつづけて下さい。「至誠天に通ず」

右の情況を更に有利に進転〈進展〉させるは一つに閣下の御決心如何にあります。

作戦方針（為参考）

一、杉山大将を告発しておかないと、閣下が起訴される場合には彼は裁判官になりますぞ。告発は閣下自らなさること。尚、外部に於ても有力なる政治家或は軍人（平野閣下か、御令弟閣下）によってなすこと。杉山を告発することは閣下が不起訴になる事の為にも決して不利な事ではありません。

一、閣下が起訴された場合には、二・二六事件を統帥権干犯問題として（反軍を戒厳軍隊にしたのは参謀総長の責任《杉山》で、反軍であることを承知の上で陛下をだまして戒厳軍隊に入れ、しかも之れに警備命令を与えた事は明瞭な統帥権干犯です）大臣、次長の責任を追及し、全軍事参ギ官の責任に及ぼし、遂いに陛下直属の査問会を開かせる所迄押して、外部の宮中工作と相まって、陛下に二月事件を認めてもらう様に導くこと。

右の二方法は司法問題としても政治問題としても充分なる発展性をもっています。唯これを敢行する閣下及び閣下の周囲の士の攻撃力が弱くては駄目です。閣下願くば忠義の鬼となられ、獄中より全愛国者を叱陀〈叱咤〉号令して維新の聖戦に勇戦せられんことを。

〔底本註／チリ紙二枚に墨書。昭和一二年一月（二五日以前）のものか。真崎宛か〕

獄中からの通信（六）

森　伝　宛書翰

磯　部

森　殿

うれしくありました。
貴方は立派な方です。
此の一言で全てのこと御わかりですね。
私は決して死にません。死ぬのではありません。神になるのです。
天下一人と雖《いえど》もその堵《と》に安《やす》んぜざる者がある間死にません。
維新の大詔が下り同志が局に立って吾人の思想信念を具体化する迄は死にません。
私共の忠義心を上聞に達していただきたいのが唯一ツの念願です。

私は最後迄頑張りました。
決してヒキョウ〈卑怯〉な事や腰ぬけも妥協はしておりません。
新聞などの発表は殆ど全て私及私共の考えをまげていると考えます。
此の次はエンマ〈閻魔〉の庁で一といくさ。呵々。

〔底本註／墨書。封筒表に「森伝殿、托磯部とみ子〈登美子、磯部の内妻〉」と墨書。刑死前日頃のものか〕
〈編集部註／以下、「家族への遺書」は河野司編『二・二六事件』所収〉

家族への遺書

〔底本編註／封筒に入れ、表書は、市内渋谷区代々木山谷三〇八　参宮荘内　磯部登美子殿　親展となっており、裏書は、渋谷区宇田川町　陸軍刑務所　磯部浅一、と記してある〕

拝啓　梅雨が晴れたら暑くなる事だろう　御前達は元気かね　私はとても元気だ　身体も

元気だがそれよりも精神が非常に元気だから安心せよ
　次の件はよく考えてそれぞれ処置せよ
一、臼田様へ手紙を出したいから住所を至急通知せよ
一、山口と新京へは私が決して忠義道をフミチガエテ居らぬと云うことをよくよく知らせて呉れ
一、新聞社その他の者に面会するな　今は何事も云うてはならぬ
一、山口の兄等があわてて上京したりする様な事がない様にあらかじめ通知しておけ（上京させない方がいいのだよ）
一、私の身の上の事ばかり心配しては　野中さんや河野さんにすまないと云うことを考えよ　又自分の不幸をなげく先に田中さんやその他新婚したばかりの奥さん方や　子供の二人も三人もある奥さん方の事を考えねばいけないぞ
一、差入品を有難う　着物類は絶対にいらないからもう決して心配するな　食品の方は果物は止めて呉れ　その代りに夕御飯を入れて呉れ　あまり心配しないでカンタンにして呉れないとこまる
一、分籍の件は早くしてくれて大変よかったね　御前がよく気をつけてやって呉れるので将来のことも少しも心配はない　安心し切っている
一、これから先は私の代理は須美男さんだから何事につけても須美男さんを表面に立て

よ　そして女は出シャバラない様にせよ
一、一日も早く新京の父母と一所になる様に努力せよ
一、御経の浄写したのを入れて呉れて誠に有難い　御前達も御経をよめ
一、とみ子御前には須美男さんをたのむよ
此の数年間運動にばかり力を入れてお前達二人の世話をちっともせず却て叱ったりしたのは誠にすまなかった　特に須美男さんに済まないから将来私にかわって御前が死力をつくして須美男さんを成功さして呉れ
一、須美男元気かね　あんたは必ず立派な人物になると兄さんは信じて居る　兄さんの期待にそむかぬ様努力せよ　姉さんは弱いからよく助けてあげよ　お前は男だから姉さんが泣く時でも決して泣いてはいけないぞ　男子は強くなくてはいけないぞ
一、その他大切な事は遺書に詳しく書いておくからその積りでいよ
一、神仏を信せよ　必ず御前達を援けて下さる
十一年七月六日
登美子殿
須美男殿〈登美子の弟〉

辞世

国民よ国をおもひて狂となり
　痴となるほどに国を愛せよ
三十二われ生涯を焼く情熱に
　殉じたりけり嬉しともうれし
天つ神国つみ神の勅をはたし
　天のみ中に吾等は立てり
わが魂は千代万代にとこしへに
　厳めしくあり身は亡ぶとも

【付録1】新公開資料（日記・書翰・聴取書）

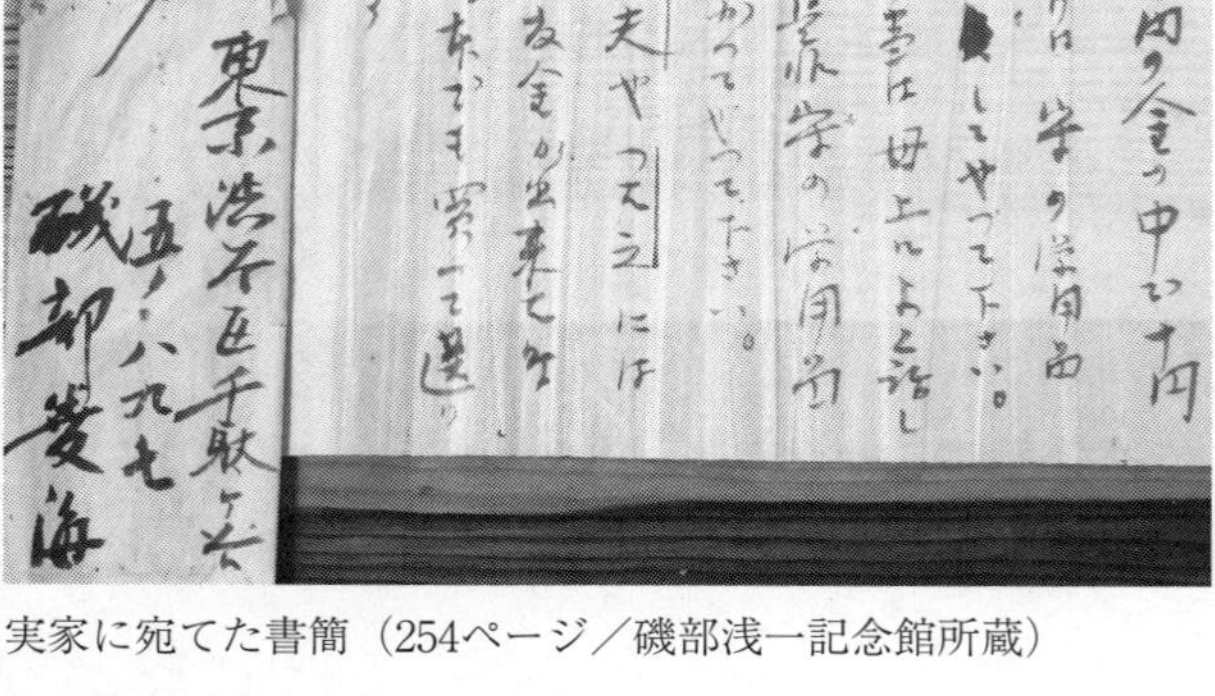

実家に宛てた書簡（254ページ／磯部浅一記念館所蔵）

日　誌（昭和十年十二月）

〈編集部註／国立国会図書館憲政資料室所蔵「河野司収集文書14・磯部浅一獄中より夫人宛書翰及び日誌の一部」。四〇〇字詰め原稿用紙一二枚（ホチキス綴じ）。筆跡は磯部のものではない。年は明記されていないが、曜日から蹶起前年の昭和十年と推定〉

十二月一日　日曜　曇後雨

一　明治神宮の社前に心身の汚れを浄む
革命とは魂の清浄を習練することを云う

一　妄想を止めよ、直進せよ
「此くすれば此くなる　此くすれば此くなる」と思案と妄想に時を過すべからず」

一　陸軍予算問題にて川島陸相窮地に陥入れらる、杉山次長の首相面談は越軌行動なり
今や陸軍は上下共に明《あきら》かに対立す　陸軍は対立より斗争〈闘争〉へ　而して斗争の激化

へ　而して混乱へ　更に旧軍閥のカイ滅〈壊滅〉へ　然る後新しき軍の統一時代は来る、

十二月二日　月　曇雨

一　社前に邪悪なる心を打擲す

一　勇猛心を奮い起せ

一　只管に心を浄めよ

一　国家大の自我より世界大の自我へ　世界大の自我より宇宙大の自我へ　而して逐次に無限大の自我に達す　これを余は無我と云う

一　天道を往け　天道に生きよ　天道は永遠の道にして窮極なし　永遠無窮の道に生きる者に豈生死あらんや　茲を以て云う「天道人を殺さず」と

十二月三日　火　快晴

一　社頭に国家を祈願す

一　俗人は俗評に心を奪われて、自己を屈《ま》げて屈げて、ひん屈げてしまうなり　俗智邪智に迷うべからず、本来魂の覚醒、拡大、進化に鞭《むちうっ》て、是れ天の道に通ずる唯一の法なり

一　自己を□〔一字空白〕る事は他を□〔一字空白〕く事なり、魂の革命とは自他を□〔一字空白〕らず、□〔一字空白〕かさる境地に躍進する事を云い、自他神を体現する事を云う、気取るな、威張るな、誇張するな卑下するな、大正真の道を平常心にて邁《すす》め　正直の頭に神宿る

実家への書翰（昭和十年十二月）

〈編集部註／山口県長門市の磯部浅一記念館所蔵。消印には「10. 12. 30」とある。封筒の表には「山口県大津郡菱海村（現、長門市）河原浦　磯部傳市様（浅一の長兄）」と宛名があり、裏には「東京渋谷区千駄ヶ谷五ノ八九七　磯部菱海《りょうかい》（浅一の雅号）」と記されている〉

手紙では云いつくせません　正月か二月には是非一度かえります　その時父の法事もすましたいと思います

登美子とは友人の心配でかんたんに式をすまして今は須美男と三人で暮しております　一日も早く登美子《トミコ》を籍に入れたいと思いますから手続等もしらして下さい。

それから百円の金は母と相談して有効につかって下さい。二人の姉弟がほそうで〈細腕〉で二、三年の間にためた金です　御たのみします

この手紙は母上にも見せて下さい。是非々々たのみます

浅一

兄様
母様
河原浦〈実家の字《あざ》〉の小利口《コリコウ》な人が新聞などみて私の事をいろいろと云うでしょうね。然しびくともして下さいますな　田舎の奴にわかるものですか　私の心の奥底《オクソコ》がわかるものですか　今度かえったら　父の法事をして　その席で親族の人にはよくよく私の心中をつたえたいと思います
登美子の籍の手続は早く知らして下さい　そしたら父の法事にかえる時にはつれてかえりたいと思います
百円の金の中で十円だけは　守〈長兄傳市の子〉の学用品にしてやって下さい。この事は母上によく話して是非守の学用品をかってやって下さい。
貞夫〈次兄の子〉やつたえ〈長兄の娘〉には今度金が出来た時　絵本でも買って送ります

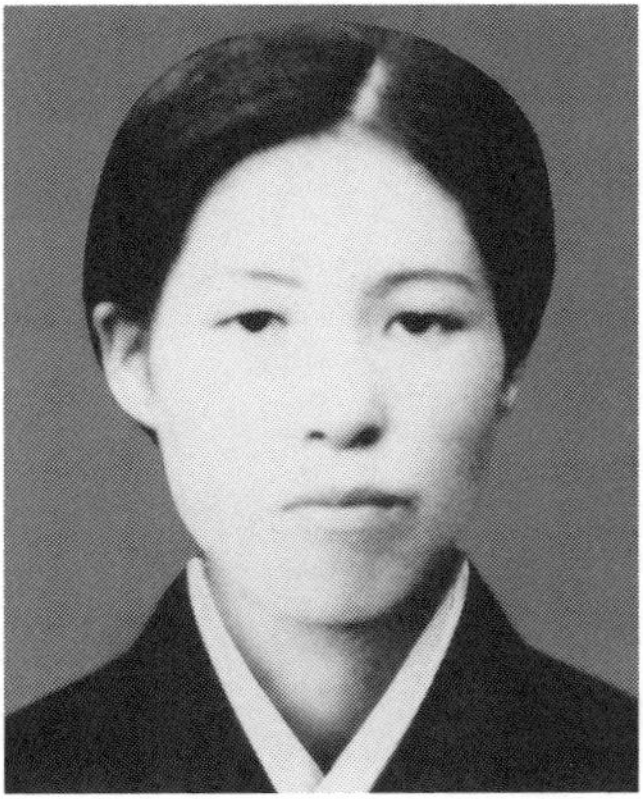
磯部の内縁の妻・登美子（磯部浅一記念館所蔵）

聴取書（昭和十一年三月）

〈編集部註／群馬県立図書館に「磯部浅一聴取書」として所蔵されているもの。ガリ版印刷した薄紙一四枚が袋綴じされている。詳しい由来は不明〉

　　　　　　　　　　　　　　　　　　　　　　　　磯　部　浅　一

　　　　　　　　　　　　　　　　　　　　　明治卅八年四月一日生

本　籍　山口県大津郡菱海村字河原　番地不詳

出生地　本籍地に同じ

右は昭和十一年三月十三日東京衛戍刑務所に於て本職に対し左の陳述をなしたり

一、本籍地、出生地は前申述べた通りであります。

一、位階勲章記章はありません。

問　国家改造の方法手段如何。

答　国家改造と言う事は国家の制度機構のみを変える事ではなく根本の問題は国民魂を変

える事である。国民魂を立派に変える為には終始啓蒙運動をせねばならぬ。此の啓蒙運動によって国民魂が立派になった場合に国家の制度機構と言うものが新しく立派に自然に組立てられて来る、斯様に考えて居りますので所謂制度機構の改造のみ考える事を国家改造の為の重要な方法と考えて居りません。魂の改革の為には第一に現在ある処《ところ》の不純な魂の指摘をして行かねばなりません、之を指摘しつつ次第に如何なる魂を持たねばならぬかと言う事を教えて行かねばなりません。此の方法は文書による方法もあり言論による方法もあり其他又制度構造を先に変えてやらねばならぬ方法もあります。各種の方法がありますが要するに現状の不可なる理由等を絶えず指摘して行く事であります。此の運動をして居る内に各自の魂が次第々々に浄化されて如何に魂は革命されねばならぬかと言う事が自然にハッキリして来るのであります。此の革命されたる魂の人達を維新的国民とでも仮りに名をつけます、そして此の維新的国民の数が遂に九千万に及ぶ時日本国民の魂の革命の成就される日であります。其の日には制度機構も自然と何時とはなしに立派に改革されるのであります。魂の革命と申しますのは祈りに発しどうかよくしたいと言う一念三千の祈りから所謂合法或は非合法或は超法的な各種な方法が生じて来るのであります。そしてどの時代に何れの方法によって改造するかと言う様な事は簡単には説明出来ません。只現行の法律制度の中に於て所謂合法的に啓蒙運動をして行ける時代もあり現行の法律制度を否認して所謂非合法との上に超越して所謂超法的な信念に基いて運動をせねばならぬ時代もあるのであります、然らば現在の日本国に於て如何なる信念と方法と其他一切の手段□□〔二字空白〕して維新運動の展開をして行かねばならぬかと言う事について申しますと前述しました様に合法非合法超法と色々な方法がありますけれども私共にとりまして最近の時勢に於きましては超法的な信念に基ける所謂合法的行動によって維新の一過程を進めて行かねばならないと考えて居りました。所謂非合法的運動と申しますのは怪文書を出したり暴動をなしたり人を殺害したり放火したりする様な事でありまして現行法規に違反する一切の行動を含むものでありますが私は此の所謂非合法行為は現行法規が天意に叶ったものである場合に於きましては非合法行為でありますけれども現行法規が天意神心に副わぬものであるときには高い道念の世界に生きている人々に取っては何等の意味をなさないものであります。従って之等道念世界の人々は所謂現行法規の非合法行為を無視して超法的行為による維新の啓蒙運動を致す事になります。今回の尊王義軍の事件に於きまして所謂非合法行為を実行せねばならなかったかと申しますと私共の力では合法的に解決する手段を何処にも見出す事が出来ませんでした。のみならず私共の超法的尊王の信念によって所謂非合法行為によってのみ維新への進展が出来ると考えたのであります。楠公〈楠木正成《くすのきまさしげ》〉が「非理法権天《ひりほうけんてん》」と言う事を申して居ります。現在は丁度此の言葉に当てはまる時勢であると思います。「非」が「理」に勝ち

「非」が「法」に勝ち「非」が「権」に勝ち一切の正義が埋《うも》れて「非」が横行して居る時代と考えて居るのであります。例を挙げますと、

一、倫敦《ロンドン》条約当時に於ける統帥権干犯の疑惑深かりし重臣等の横暴

一、昭和十年七月統帥権干犯事件に関係ある上級軍人重臣財閥官僚等の横行

一、天皇機関説信奉者にして一世の疑惑深き学者軍人官僚政治家教育家等の横行

一、其他大蔵省事件〈帝人事件〉に於ける社会上層部の人達の不正、国防の危機農村漁村の窮《きゅう》迫等

等々幾多の国家重大の事件が少しも合法的に解決されないのみならず却て合法的即ち権力に依っても法律に依っても道理に於ても解決されずに非行は輪に輪をかけて不正に処理されて行く状態でありましたので天の命によって何物を以てしても打つ事の出来ない「非」を天剣によって切り除いたのであります。

問　村中〈孝次〉其他今回の事件に参加した将校の思想及同志の思想は右磯部の思想と同一なりや。

答　大体同じだと信じて居ります。それは維新の声の起るのは現状の一番悪い時に起るのでありますからそれで維新に奉公翼賛する程の人達は現状を否認して居ります。然らば一番否認さるべき勢力は何処にあるかと申しますと前述しました様に重臣、元老、軍閥、官僚、財閥、政党等旧制度を守って行こうとする人達であります。それで茲《ここ》に

天意を体感志士の集団が維新の妨害勢力即ち現在に於ては元老、重臣に対して尊王の為の討奸を決行するのであります。尊王討奸、奸物を斬除すると言う事に就《つい》ては同志全部が同じ信念に立って居ると考えて居ります。

問　満洲に於ける同志は誰か。

答　ハルビン山田大尉、秋吉中尉、チャムス中牟田大尉、公主嶺の北村大尉、奉天の佐藤操中尉、よく任地を記憶して居りませんが後藤四郎中尉、明石中尉、松浦（邁）中尉、市川中尉等で以上は私が直接会いまして確《しっか》りしている人と思っています。其他は名前を聞いただけでよく知りません。坂本東洋の名前は聞いて居りますが会ったことはありません。

問　以上在満将校中特に関係ある者は誰か。

答　特別なのはありません。

問　昨年五月満洲旅行した時の行動如何。

答　昨年五月廿日東京を立〈発〉ちまして釜山経由新京に直行しました。新京では菅波大尉の官舎に宿泊して居りました。新京に四、五日泊りましてハルビンの山田の所へ会いに行きましたが山田は討伐に出て留守でありましたので会えませんでした。ハルビンから更に斎斎哈爾《チチハル》の鶴見中尉の所に会いに行きました。鶴見中尉にだけ会う事が出来まして新京へ立ち帰りました。丁度其時関東軍の剣術大会で各地から青年将校が新京へ来て居りましたので菅波大尉の宅で会いました。新京を月末頃に立ちまして朝鮮経由で帰りました。満洲へ行った目的は十一月廿日事件〈陸軍士官学校事件〉の真相と誣告告訴の進展の状態を話す為でありました。菅波の所では青年将校に会いましたが比較的知らない人が多くて知った人は黒崎中尉、後藤四郎中尉、石川中尉位《くら》いであります。他に知らない人で名前を覚えて居りません。剣術に来た人ばかりであります。其の時は一時間計《ばか》りで先の話と討伐の話位で皆早々として守備隊へ帰って行きまして詳しく話す事が出来ませんでした。

問　菅波とは如何なる事を話したか。

答　内地に於ける維新大勢を話し満洲の同志の動静を聞いた訳であります。大体誰が何処に居ると言う事及《および》連絡が取り難いと言う事、手紙其他雑誌等送る時は各守備隊に送ると連絡が取り易いと言う事で大体雑談に終りました。内地の状況が主で満洲の事は余り聞きませんでした。内地の状勢は十一月廿日事件以来弾圧をされている永田閣下が中心である、民間愛国諸団体も暴力団狩等で弾圧されている、表面は鎮静して居ると言う様な事でありまして今回の事件等に就ては全く話さず如何にして当時の弾圧を逃れようかとのみ考えていたのでありません。

問　二、二六事件につき在満同志と如何なる関係ありや。

答　何もありません。年賀状は一人か二人から来た様に思って居りますが手紙など少しも参りません。手紙は満洲は非常に危険だと言う話を聞きましたから一つも出して居りません。

問　退職後如何なる人より金を送って来たか。

答　各地の同志からであります。実は私は良く知りません。香田大尉が集めて下されたので金額は毎月百円か百五十円位《くら》いでもう少しあった事もある様であります。満洲では五十円位い送って下さる人もある様でありましてそういう時は多い様であります。明石、市川、松浦邁、山田、北村等でありますが詳しい事は聞きません。之《これ》は生活の経費と運動の経費一切合切《いっさいがっさい》でありまして同志とはその目的を充分承知して居ります。尚私共は醵金制度をやって居ります。それは昭和八年頃から始めまして当時は在京の将校だけやって居りました。それが全国的に拡って行った訳です。満洲に迄《まで》拡まったのは停職になった後からであります。私が満洲へ行ったときは一寸話をしただけで此時は最早明石中尉が全国に「ふれ」を出してそろそろ金が集まって来かかって居る時であります。明石中尉は当時砲工学校に来て居りまして事務的の事を在京同志将校から頼まれてやっていたのであります。此の醵金制度の目的は集会、通信等に金が要るので集めたのですが我々が停職後は生活補助に当てる目的もありました。一番最初の時は月額三円乃至五円を普通とし色々ありましたが一ケ月六七十円から八十円位い来た事もありマチマチでした。これは集まったのが逐次ハケて行きます。会合もやり通信したりすると少くなり貯金などしませんでした。その後全国的に拡ってからの事は知りません。此の頃は状況をよく知っているのは香田大尉、明石中尉と思います。明石が卒業して香田がやったと思います。結局此の醵金は同志の国家改造運動の資金と私共の生活補助とに使われた訳であります。全国同志は此の使用目的を知って居ります。

問　今度の二、二六事件を在満同志は事前に知っているかどうか。

答　絶対に知らずと断言し得ます。その理由は最悪の場合を考えれば国賊として取扱われるかも知れない。其の時全国の同志に波及して行く事は維新の為将来大きく動く事が出来ぬから東京だけで蹶起した訳であります。

問　各地同志に知らせざりし理由如何。

答　一、国賊になると言う一つの理由。
二、若し東京で立て成功するならば前以て地方の同志に知らして置く必要がない。例えば東京の蹶起が認められて御維新に入った場合は地方がガタガタ騒ぐ必要がない。東京から地方の同志を集中する事が出来るのであります。私共も二月廿六日陸軍大臣の処で各地同志の東京招致をする様に意見具申しました。それには満洲の将校は入っていません。内地朝鮮の将校だけであります。それで失敗すれば国賊になるし成功すれば前以て知らせ各地に不統一の行動をするよりも東京招致は陸軍の命令でして貰えると思いました。満洲に知らせなかった重大な理由は国際状勢から考えて満洲は自重せねばならぬと思いましたから実は満洲に知れやせぬかと思って心配した位であります。希望事項の意見開陳の中の一項に陸軍大臣に左記の人名の者を招致して貰う様にお願いしました。それは和歌山の大岸大尉、丸亀の小川大尉、同江藤中尉、久留米の若松大尉、鹿児島の菅波大尉、朝鮮の大蔵大尉、朝山大尉、佐々木大尉皆羅南であります。それから青森の末松大尉それ位と記憶して居ります。

問　全国同志は二、二六事件を予見しありや。

答　誰も皆同一に感じていたという事は明瞭であります。相沢〈三郎〉さんの様な年輩の上の方に維新の突破口を開いて頂くという事は維新戦線の第一線であるべき青年将校の恥辱であると考えたのであります。「すまない」と言う気で皆が非常に悩んで居った事は明かでありました。その青年将校同志の悩が解けて天空開闊〈快闊〉な気持で御維新の為に翼賛する決意の出来たのは大体新年早々の頃だと考えます。各地の同志の気持が非常に澄み切って来た事を考えましたので現状況に於て全国的に不統一に蹶起せねばならないと言う事が不利な現状況に於ては東京の蹶起を各地の同志将校に知らす事は却て企図を暴露したり不統一になったりする危険を感じましたので地方同志に知れない様にする為に非常に苦心を致しました。

問　気持が澄んできたとの意味は。

答　之は決心が定まって兎に角やらにゃいかんという気持でありまして手紙なんかで知っ

たのですが香田大尉の所へ金を送って来る時に書いて来ている事を聞いているので香田大尉から会のあった時チョイチョイ聞いた訳であります。

問　山田洋大尉との関係如何。

答　山田大尉との関係は国家改造運動の方面もそうでありますが小さい時から親友なんで同郷で幼年学校の時より山田の家に泊ったりして親しくして居ります。国家改造運動の方より言えば明石の方は候補生の時からで交渉が多く改造問題等其他具体的な方法論迄話したのであります。山田とはそういう点については機会を得ませんでした。山田と明石とは満洲に於ける同志中私の最も尊敬している二人であります。信念に於ては二人共似たものであります。

問　第一師団の出動の話を聞いてから在満同志と文通せし事ありや。

答　ありません。

問　満洲に青年同志会という会のあるのを承知しありや。

答　名前を聞いた事はあります。去年満洲へ行きました時萱波からどういう団体かを聞いた程度で其の中の人物については聞いた事がありません。「辻」ということは聞きましたが村中が誰かと話をしていて満洲から来たと言う事を聞いただけで話をした事もなければ顔を見た事もなく全然知りません。

問　同志の経費関係は如何。

答　私は主計でありますが、近歩四〈近衛歩兵第四聯隊〉と野砲一〈野砲兵第一聯隊〉とを勤務したのでありますが、同志の為公金をどうかしたと言うデマが飛び池田成彬から一万円取ったというデマを飛ばされて困りましたから経費に就ては関係しない様にしています。

問　維新同志会とは如何。

答　青年将校有志で書いたと思いますが私は文筆が下手でありますから書きませんので良く覚えて居りません。

問　同志の名簿はなきや。

答　ありません。それは皆良く覚えて居りまして顔を知らぬものでも名前を覚えているので名簿の必要がないのであります。実は名簿を作ったのでありますが初期には暴動の計画や名簿そういう形の上の計画から離れて一段高い精神上の信念の境地に入る訳で形の上の計画や名簿は要らなくなり形は自然で出来て居りますから初期の様に無理に人を集める必要がないのであります。私も以前「仏名三千名」という名簿を作りましたが心境の進むにつれて必要がなくなったのであります。私の今記憶している同志将校は全国で百二三十人位あります。此の同志が在郷者なり下士官兵の中にも同志を持って居りますから全部の数は分りません。

問　秋吉大尉を知って居るや。

答　素直な立派な人だと思っています。千葉の気球隊に秋吉が来ていた頃からで昭和九年頃から知合《しりあい》になった訳であります。丸亀に小川という同期生がありますが其人が手紙で紹介して呉れてそれ以来屢々《しばしば》会って思想信念に付《つい》て語り合いました。立派な人だと思って居りまして不動様摩利支天《まりしてん》とか言った性情を持った人で大事の時そういう性格の現われる人だと思って居ります。

問　今回の事件を知った場合在満同志ですぐ立つものは誰か。

答　北村君の居る公主嶺の連中、山田君の居る哈爾浜《ハルビン》の連中等であります。明治維新の戦史から申しまして維新運動の初期に於ては各地蜂起をします。段々終末期に於て集中開進であります。現在の状態は維新過程から申しまして各地で蜂起する迄に来ていない。明治維新史で言ったら蛤御門の時期であります。此の時期に於ては地方の同志は個人で突出することは考えられますが私の考えて居ります維新の同志の集団を中央の要点に持って来る様な革命の前夜に於ける状態ではないと今日は考えて居るので地方の同志特に満洲の如き遠隔の地の同志は東京の蹶起に策応して暴動を起すとか突出して来るとか言う事は考えませんでした。一部に非常に高い気分の者がありますが之は別でありますけれども大体に於て前述の通りであります。一部に非常に高い気持の人とは前に述べた北村や山田の様な人であります。

問　北村大尉との交友関係如何。

答　北村大尉が戦車第二聯隊に居りました時私は近歩四に居て栗原中尉の紹介で知合になりました。それから度々会いましたが満洲へ行ってからは大した交渉はありません。

問　今迄に申述べた在満同志中の親交関係あるもの如何。

答　山田、明石、北村、後藤四郎、松浦邁、秋吉、石川等に対しては信頼と尊敬とを持って居り維新運動に関しては真面目の同志であります。私の停職後之等《これら》の人が生活補助費及運動資金を毎月送って呉れていた事に対しては大いに感謝している訳であります。私共の同志は強い一体観〈感〉の上に立って居ります。此の一体観が国家の上にも及び君民の間にも及び上下左右各層の間に及んだ秋《とき》御維新が成就されるのでありまして此の強い一体観にある同志は一人の同志の怒りが全同志の怒りであり一部の同志困窮を全部の同志の困窮と感じて相依り相扶《たす》けて居ります。それで金銭の問題に関しましても同志の一人が困って居る時には全同志で救ってやるという状態であります。要するに今回の二月廿六日の事件に関しましても全同志は金銭上の問題許《ばか》りでなく心から協力と支援とをして御維新の成就を願っていると考えて居ります。

問　他に申立つることなきや。

答　各地の同志に対する当局の態度に付て私が維新的な立場から希望を申上度《もうしあげた》いと思います。

一、改革期変動期に於きまして改革運動に奔走して居る人を如何に善導して行くかと言う事は非常に重要な事と思います。弾圧政策によって根絶し様とする様な考を時の政権者は常に考えるものでありますけれど弾圧政策は決して良い結果を齎《もたら》すものでなく逆効果を生じて来ます。特にその改新運動の思想信念が正しい場合に於て弾圧する勢力に対する怒りは弾圧すればする程高まって来ます。私共同志の考えて居ります昭和維新気勢を若《も》し当局者が弾圧する様な事がありましたら日本の維新は恐るべき悲惨な過程を辿ります。兵卒が将校を否認し下層者が上層者を否認し虐殺と暴動と混乱と国を挙げての火の海に化して了《しま》わねば已《や》みません。私共青年将校が蹶起した理由は此の悲惨な維新の過程を辿らせない為でありました。弾圧すれば革命的情熱は下へ下へと蔓延して行きまして前述しました様に非常に悲惨な事になります。此の悲惨な過程を辿らせない為には青年将校蹶起の真相を極めて早く社会悪を除去して行かねばなりません。社会悪を除去する事が第一要件でありまして弾圧政策を採る事は為政者の大なる誤りであります。

二、維新運動をして居ります同志の青年将校は皆素朴純真雄大な真に原始的な日本人の姿を代表している人のみであります。そして此等の人は国体観に関しては強烈な信念を持って居ります。何卒此等青年将校の気持を十分にお聴取り下さいまして皇国の維新の為に十分の活動をおさせ下さる様に御願いします。

三、此の青年将校は国民と最も接触の深刻な人達であります。上級者は此の青年将校を通じて下層国民の真の状態を理解して戴《いただ》き度《た》いと思います。そして御維新運動に関しても此等の青年将校を通じて国民層に国体に関する正しい信念と日本国民の使命、日本国家の理想を徹底させて頂きましたならば皇国は真に上下左右一体となり万世一系の天皇陛下を中心に御維新を完成する事が出来ると考えます。

以上の三件を希望として述べますから御明断を賜り度く思います。それで終りであります。

磯部浅一

右読聞けたる処相違なき旨申立つるに付署名拇印せしむ

昭和十一年三月十三日

陸軍司法警察官陸軍憲兵少佐　宇津木孟雄

【付録2】関連資料

粛軍に関する意見書（磯部執筆部分）

磯部浅一
村中孝次

謹《つつし》みて卑見《ひけん》を具申す。

現下帝国内外の情勢は「真に稀有の危局に直面せるを想わしむるもの」あるは曩《さき》に師団長会同席上陸軍大臣の口演せられし所の如く、深憂危惧一日も晏如《あんじょ》たり難く「時艱匡救《じかんきょうきゅう》の柱軸たり国運打開の権威たらざるべからざる皇軍」の重責は愈々《いよいよ》倍加せられたりと謂うべし。

此秋に臨み「挙軍の結束鉄よりも堅く一糸紊《みだ》れざる統制の下に其の使命に邁進するは現下の重大時局に鑑み其の要特に切実」なるは固《もと》より多言を要せざる所なり。然るに現大臣就任以来軍統制に関する屢次《るじ》の訓示、要望ありしに拘らず「各般の事象に徴するに遺憾乍《なが》ら更に一段の戒慎を要す」と云うよりも、寧《むし》ろ軍の統制乱れて麻の如く蓬乱流離殆《ほと》んど収拾すべからざる状態に在るは、実に長嘆痛慨に堪えざる所なりとす。

固《もと》より社会の乱離混沌は変革期に於ける歴史的必然の現象にして、軍部軍人と雖《いえど》も此の大原則より除外せられるべきものに非ず、亦是《またこ》れ社会進化当然の過程なるは達観すべしと雖も、是れを自然として放任し、皇天に一任して拱手傍観《こうしゅぼうかん》するはとらざる所、飽く迄も人事の最善を尽して而《しか》して後天命の決する所を俟《ま》たずんばあるべからず。是れを以て逐年訓示し口演し処罰処分し或《あるい》は放逐し投獄すると雖も愈々出《い》でて愈々非統制状態を露呈し来れり。郷党的或は兵科的に対峙し天保無天に暗争を継続せる後、最近は之《こ》れに国家革新の信念方針の異同を加え来って「党同異伐朋党比周」し、甚しきは満洲事変、十月事件、五・一五事件等を惹起せる時代の潮流に躍り、国民の愛国的戦時的興奮の頭上に野郎自大〈夜郎自大〉的に不謹慎を敢てし、国家改造は自家独占の事業と誇負して他の介入協力を許さず、或は清軍と自称して異伐排擠《はいせい》に寧日なき徒あり、或は統制の美名を乱用し私情を公務に装いて公権を擅断《せんだん》し、上は下に臨むに「感傷的妄動の徒」を以てし、下は上を視るに政治的策謀の疑を以てす、左右信和を欠き上下相剋を事とす。実に危機厳頭に立つ。顧みて慄然たらざるを得ざる所なり。

噫《ああ》、皇軍の現状斯《か》くの如くにして何によりて「時艱匡救の柱軸たり国運打開の権威」たるを得べき。窃《ひそか》に思う、此の難局打開の途は他なし、本年度参謀長会同席上に於ける軍務局長所説の如く「信賞必罰、懲罰の適正」を期し、軍紀を粛正するに在るのみと。

実に皇軍最近の乱脈は所謂三月事件、十月事件なる逆臣行動を偽瞞陰蔽《ぎまんいんぺい》〈隠蔽〉せるを動因として軍内外の攪乱其極に達せり。然《しか》もその思想に於て其の行動に於て一点の看過斟《かんかしん》酌《しゃく》を許すべからざる大逆不逞のものなりしは世間周知の事実にして附録第五「〇〇少佐の手記」〈本書では割愛〉によりて其の大体を察し得べし。而して上は時の陸軍大臣を首班とし中央部幕僚群を網羅せる此の二大陰謀事件を皇軍の威信保持に藉口《しゃこう》して掩覆不問に附するは其の事自体、上軍御親率の　至尊を欺瞞し奉る大不忠にして建軍五十年未曽有の此の二大不祥事件を公正厳粛に処置することを敢てせざりしは実に大権の無視、「天機関説〈天皇機関説〉」の現実と謂《い》うべく断じて臣子の道股肱《ここう》の分を踏み行えるものに非ず。軍内攪乱の因は正に三月、十月の両事件にあり、而して両大逆事件の陰蔽糊塗は亦《こと》実に今日伏魔殿視さるる軍不統制の果を結べるものと謂わざるべからず。之《こ》れを剔抉《てっけつ》処断し以て懲罰の適正を期するは軍粛清の為め採るべき第一の策なりと信ず。爾余《じよ》の些事は是れを省略す。

昨冬以来問題となりし所謂十一月廿日事件〈陸軍士官学校事件〉に対する措置に至っては最も公正を欠くものと云わざるべからず。最近に於ける訓示、諭告は総《すべ》てを青年将校の妄動に帰すと雖も統制破壊の本源は実に自ら別個に存在せり。

以下十一月事件に関し歪曲せられ陰蔽せられある経緯を明《あきら》かにし以て御高鑑〈高覧〉に資せんとす。

別紙添附せる左記附録に就き真相御究明を冀《き》望《ぼう》す。

一、附録第一　陸軍大臣及第一師団軍法会議長官宛上申書〈割愛〉
二、附録第二　片倉少佐、辻大尉に関する告訴状中告訴理由〈割愛〉
三、附録第三　片倉少佐、辻大尉に対する告訴追加（以上村中大尉）〈割愛〉
四、附録第四　告訴状　並《ならびに》　陳述要旨（磯部主計）

以上を以て事件推移の真相梗概を明かにし得べし。実に十一月廿日事件に関する限り、軍司法権の運用に於て、懲罰の適用に於て、共に公明適正を欠き、将又公的地位を擁して擅権自恣《じし》の策謀妄動するものあり、軍内攪乱の本源は実に中央部内軍当局者の間に伏在するものと断言するも、敢て過言にあらざるを信ず。

切言す。皇軍現下の紛乱は三月〈事〉件、十月事件の剔抉《てっけつ》処断と両事件の思想行動を今に改悛自悔することなくして、陰謀を是れ事とする徒の艾除《がいじょ》とを断行するに非ずんば、遂に底止収拾する所を知らざるべし。不肖が一身の毀誉褒貶を顧みず、告訴を提起せる所以のものは、実に叙上の英断決行により粛軍の目的を達すべき機会を呈供〈提供〉せんとする大乗的意図に立ちしが故なり。

今や国体問題朝野に論議せられ、講壇に著書に三十年論説せられ信奉せられ来りし反逆亡国的邪説と、是れに基き施設され運営せられ来りし制度機構なるものが「国体明徴」の国民的信仰の前に雲散霧消を厳命せられ、「国体明徴」より「国体顕現」へ、「国体に関する国民的信仰の恢復、国民の国体覚醒」より「挙国維新の聖業翼賛」へと必然的過程を踏まんとするとき「時艱匡救の柱軸たり国運打開の権威たらざるべからざる皇軍」のみ独り依然たる「天皇機関説、大元帥機関論」的思想と内容との残滓を包んで恥なきを得るや、「陸軍は維新阻止の反動中枢」なりとする国民的非難に永く耳を掩《おお》うは救うべからざる危殆を誘引するもの今や断乎として猛省英断を要する秋に際会せり。不肖衷々として茲《ここ》に憂うるが故に、非難貶黜《へんちつ》の一身に集るべきを顧みず、敢て暴言蕪辞《ぶじ》を連ねて私見を具申するものなり。

黜陟《ちっちょく》は伏して是れを待つ。唯々冀《こいねがわ》くは国家と皇軍の為、明察英断あらんことを。

頓首再拝

磯部主計

〔附録〕告訴状及（ママ）陳述要旨

告訴状

私は左記三名を誣告罪で告訴致します

野砲兵第一聯隊陸軍一等主計　磯部浅一

左　記

陸軍省軍務局員　陸軍歩兵少佐　片　倉　衷
陸軍士官学校附　陸軍歩兵大尉　辻　　政　信
陸軍憲兵司令部員　陸軍憲兵大尉　塚　本　誠

告　訴　事　実

私は今回反乱陰謀事件を以て司法当局の御調べを受けたものであります。之《こ》れは従来部内に或る派閥を立て、事々に私共青年将校を排斥圧迫して来た人々の中の前記三名が、辻大尉の指導下に行動して、私共に間者《かんじゃ》の如くに接近した士官候補生佐藤勝郎の悪意を以て内報した虚偽及び歪曲した情報を本として、私共に反乱計画あるが如くし、自分等も信ぜざる所なるに拘らず、私共を刑事又は懲戒の処分を受けしむる目的を以て、上司に申告したことに起因して居ります。

是の詳細の事実証拠に就《つい》ては、御召喚の節改めて陳述提出する考えで準備して居るのであります。

皇軍将校として茲《ここ》に此の措置に出ましたことは、誠に恐れ多いことではありますが、従来部内を蔽える、悲む可《べ》く憤る可き暗雲を一掃し、真に皇国の皇軍に返すことが喫緊の問題であると確信し、万考の結果、涙を呑んで此儀に及ぶ次第であります。

昭和十年四月二日

第一師団軍法会議　検　察　官　殿

五月八日乃至同月十三日軍法会議に出頭し告訴理由陳述内容の要点左の如し。

一、告訴理由は先きに村中大尉が、二月七日四月二十四日の二回に亘《わた》り提出せる、片倉少佐、辻大尉に対する告訴状及同告訴理由追加に陳述せる内容と同一なるを以て、村中大尉の告訴理由を全部小官に適用せられたし。

二、辻大尉が虚偽の事実を捏造申告せる点に関し、左記の如き証拠あり。

昭和十年五月二日、佐々木候補生、中島少尉の両名が佐藤候補生に面会し、質問せるに対し、佐藤候補生は左記内容の返答をなせり（以下、佐々木候補生の手記、問は中島少尉又は佐々木候補生。答は佐藤候補生とす）。

一、**問**　陰謀計画の目的は。

答　林、荒木、真崎三大将を主班〈首班〉とする維新内閣の出現を待ちて、其維新政策に反抗する分子を国体擁護の立場より直接行動に訴うるは、最も理想とする所でありますが、状況真に已むを得ざる場合は之れを待つことなくやると、村中大尉から云われましたから、其の通りの事を辻大尉に申述べ、予審の時にも云いました。

問　俺は直接行動により治安を擾乱し、戒厳令下に於て、林、荒木、真崎三大将を主班とする軍政府を樹立する事と言う様《よう》に予審の時に読み聞かせられたが、この様な読み聞かせはなかったか。

答　ありませんでした。辻中隊長には前に言いました様な事を申述べ、予審の時は私は私の調書を読み聞かせられただけで、佐々木さんが言われた様な事は聞きませんでした。

二、問　実行時機に就いては。

答　臨時議会、若《も》しくは其の直後、少くも一月迄にはやると聞きましたので、その通り申述べました。

問　誰から聞いたか。

答　十月の下旬、或は十一月の上旬頃だったと思いますが、片岡中尉が週番士官中、佐藤一人で面会に行った時に、片岡中尉から聞きました。

問　十八日は、村中大尉より時機に関して聞いたことは。

答　維新内閣出現し、之れに反抗する不逞分子を斬ると言われました。

問　其の外に。
答　現在は青年将校其れ自体の結束に於て波があるので、まだ出来ないけれども、其の方は一、二週間もしたら纏《まとま》りが就くと言われました。
問　六ケ条の指令があったが。
答　いいえ、あれは指令と言う程のものではありませぬ。其の事は予審の時にも申述べて置きました。
問　其中に片岡中尉を中心とし精神的に団結し、同志を獲得せよと言うのがあったが、貴様は左様に申述べたか。
答　はい。其事は村中大尉より聞きました。片岡中尉を中心とし士官候補生は精神的結束を固くし、力に於ても、士官候補生のみにても立ち得る如くに同志を得ると言う事が必要であると言う意味の事を言われました。
問　万一の場合は士官候補生のみにても蹶起すべしと言うのがあったが、此の事に就いては如何なる風に申述べたか。
答　万一の場合、士官候補生のみにても蹶起すべしと、そんな事は云いません。村中大尉は片岡中尉を中心として士官候補生自体の結束を強くし、候補生のみにても起ち得る如く努力することが必要であると言う意味の事を言われましたから、其通りの事を辻大尉にも予審官にも申述べました。

問　予《あらかじ》め学校脱出計画を考究せよと云うのがあったが、どうだ。

答　文句は違いますけれども、村中大尉は「貴様等にも考えることはあるだろう。どうして学校を脱出するか、学校を出てしまえば弦を離れた矢の様なもので、どうにでもなるが、其れ迄が難しい」と言う事を言われましたから、其通り申述べました。

問　軍刀を準備すべしと言うのがあったが如何。

答　そんな事は言いませぬ。それは村中大尉が「やる時は銃剣でもよい」と言われましたので、佐藤が「やるなら日本刀の方がよい」と言うたのであります。

問　連絡に就いては特に主任者を設くることなく、毎日曜日に一人ずつ村中大尉に連絡せよと言うのがあったが、佐様、貴様は申述べたか。

答　それは確か十一日（十一月）だったと思いますが、武藤が「自分が連絡掛になります」と言いましたので、村中大尉が「特に貴様だけが来ると言う事にせず、毎日曜日一人ずつでも連絡に来ると言う事にしたらどうだ」と云われましたのであります。

問　秘密下宿を設置せよと云うのがあったが、あれは如何。

答　佐藤が「秘密下宿を作ったらどうですか」と聞いたので、村中大尉が「下宿を作った方が都合がよいなら作ってもよい」と言われたのであります。其通り申述べました。

以上、佐藤候補生の答弁内容と小官等に対する告発内容とは多大の相異あり。

三、前記三名が反乱陰謀事件に関し如何に巧妙なる捏造をせしかは、塚本大尉が憲兵司令官に報告したる内容と
片倉少佐が所属課長に対し報告せる内容
辻大尉が生徒隊長に対し報告せる内容
辻大尉が片倉少佐に告げたる本件計画内容
片倉少佐が塚本大尉になしたる同上内容と、小官が提出せる佐藤候補生真実の告白内容及十一月二十三四日頃配布されたる怪文書（片倉少佐等の指示に基き座間勝平、梨本祐準等により）とを各々対照せば自ら明瞭なり。
尚、本誣告事件には陸軍次官橋本虎之助中将、軍務局長永田鉄山少将、片倉少佐、辻大尉等と密接不可分の連絡ある旨を検察官には充分陳述主張せり。

〈編集部註／いわゆる陸軍士官学校事件（解説二八九頁参照）に関する暴露文書。国立国会図書館所蔵本版を底本とした。全文は国会図書館デジタルコレクションで読める
http://dl.ndl.go.jp/info:ndljp/pid/3947480〉

蹶起趣意書

謹《つつし》んで惟《おもいみ》るに我神洲たる所以は、万世一神たる天皇陛下御統帥の下に、挙国一体生成化育を遂げ、終《つい》に八紘一宇《はっこういちう》を完《まっと》うするの国体に存す。此の国体の尊厳秀絶は天祖肇国神武建国より明治維新を経て益々《ますます》体制を整え、今や方《まさ》に万方に向って開顕進展を遂ぐべきの秋なり

然《しか》るに頃来《けいらい》遂に不逞兇悪の徒簇出《そうしゅつ》して、私心我慾を恣《ほしいまま》にし、至尊絶対の尊厳を藐視《びょうし》〈軽視〉し僭上之《せんじょうこ》れ働き、万民の生成化育を阻碍《そがい》して塗炭の痛苦に呻吟せしめ、従って外侮外患日を逐《お》うて激化す

所謂元老重臣軍閥官僚政党等は此の国体破壊の元兇なり、倫敦《ロンドン》海軍条約並《ならび》に教育総監更迭に於ける統帥権干犯、至尊兵馬大権の僭窃《せんせつ》を図りたる三月事件或は学匪共匪大逆教団等利害相結《あいむすん》で陰謀至らざるなき等は最も著しき事例にして、其《そ》の滔天《とうてん》の罪悪は流血憤怒真に譬《たと》え難《がた》き所なり。中岡〈艮一《こんいち》、原敬暗殺犯〉、佐郷屋《さごうや》〈留雄《とめお》、浜口雄幸襲撃犯〉、血盟団の先駆捨身、五・一五事件の噴騰、相沢中佐の閃発となる、寔《まこと》に故なきに非《あら》ず

而《しか》も幾度か頸血《けいけつ》を濺《そそ》ぎ来って今尚些《いささ》かも懺悔反省なく、然も依然として私権自慾に居

って苟且偸安《こうしょとうあん》を事とせり。露支英米との間一触即発して祖宗遺垂《そそういすい》の此の神洲を一擲《いってき》破滅に堕《おち》らしむるは火を睹《み》るよりも明《あきら》かなり

内外真に重大危急、今にして国体破壊の不義不臣を誅戮《ちゅうりく》して、稜威《りょうい》を遮《さえぎ》り御維新を阻止し来《きた》れる奸賊を芟除《さんじょ》するに非ずんば皇謨《こうぼ》〈天皇による統治〉を一空せん。恰《あたか》も第一師団出動の大命渙発せられ、年来御維新翼賛を誓い殉国捨身の奉公を期し来りし帝都衛戍《えいじゅ》の我等同志は、将に万里征途に上らんとして而も顧みて内の世状に憂心転々禁ずる能《あた》わず。君側の奸臣軍賊を斬除して、彼の中枢を粉砕するは我等の任として能《よ》く為《な》すべし。臣子たる股肱《ここう》たるの絶対道を今にして尽さざれば破滅沈淪を翻えすに由《よし》なし

茲《ここ》に同憂同志機〈軌〉を一にして蹶起し、奸賊を誅滅して大義を正し、国体の擁護開顕に肝脳を竭《つく》し、以て神洲赤子《せきし》の微衷《びちゅう》を献ぜんとす

皇祖皇宗の神霊冀《こいねがわ》くば照覧冥助を垂れ給わんことを

昭和十一年二月二十六日

陸軍歩兵大尉　野　中　四　郎

外　同志一同

解説

筒井清忠

本書は、二・二六事件の首謀青年将校磯部浅一《いそべあさいち》の、これまであちこちに分散していた著述をまとめ、さらに未公開資料も加えて一冊とした書籍である。現時点で収拾しうる磯部の全著述をまとめたものとして、本書は二・二六事件関係出版物として画期的なものといえよう。というのは、二・二六事件を知るための基本文献である青年将校たちの遺書・獄中著作をまとめた河野司編『二・二六事件　獄中日記・遺書』(河出書房新社、一九八九年)が、現在まで数十年にわたり入手困難となっているからである。

そして、この河野司編『二・二六事件　獄中日記・遺書』の中核をなすのが、本書に収めた事件の中枢をなす磯部の手記なのである。しかも、本書は初めてそのほかの磯部の著述をすべて収めたので画期的な小さな「磯部全集」となった。読者は本書を通して初めて二・二六事件の首謀者磯部浅一の全貌を知ることができよう。

　磯部浅一は、一九〇五（明治三十七）年、山口県に生まれた。家は農家であった。一九一九（大正八）年、広島陸軍地方幼年学校に入学し、二二年卒業。続いて陸軍士官学校（以下、陸士）予科に入学し二四年卒業、歩兵第八〇連隊士官候補生を経て陸士本科入学。二六年卒業して少尉に任官した。三二（昭和七）年陸軍経理学校に入学。翌年卒業して陸軍二等主計となっている。三四年、さらに一等主計となったが、野戦重砲兵第一連隊付の時に陸軍士官学校事件が起き、翌年四月停職、八月免官となる（後述）。

　磯部が国家革新運動に関心を持ったのは陸士本科在学中であった。「欧州大戦、関東大震災の後を承けて日本国ががた付きました。宇垣・山梨・南大将の陸軍大臣の時代に二回に亘《わた》る軍備縮小あり、私共は非常に肩身を狭く感じました。此の時に世相の頽廃《たいはい》人心の軽《けい》佻《ちょう》を慨して国家の前途を憂え、これでは不可と云うので国家改造運動に向って進んで行ったのであります」

　磯部の陸士在学中は軍縮が進行し、軍人は無用の長物扱いされた時代であった。このため、社会主義思想の影響を受けて退校となったり、女性問題で放校になるものが多く出るなど「混沌たる空気」であったという。

　その中で磯部は、菅波三郎《すがなみさぶろう》・村中孝次《むらなかたかじ》など陸士三七期生の中に「士官学校内の腐った空気を刷新せねばならぬ」と考える「同志」を見つけた。そして北一輝《きたいっき》の影響下にあった西《にし》田税《だみつぎ》の書いた天剣党宣言や西田のいた大学寮から出されたパンフレットを読んで共感し、大学寮を訪れ西田に会うなどした後、朝鮮の第八〇連隊に赴任している。

「初年兵の身上調査に依《よ》り、其《そ》の大部分は家庭貧困でありまして、教育する私に色々の家庭の状況を訴えまして国家の権力者の不正不義に対して怒りを感じ（中略）之等初年兵に同情する様になりました」

「佐本（仮名）は私の忘れることの出来ない兵であります」「私生児で母親とは幼少の頃死別し、又父親は極道者で自分は幼少の時より他家へ奉公にやられ、他人の辛い手塩で育って来たこと等を語りました。私は冷酷な社会に於て虐げられたこの兵が可哀相で（中略）俺が今に悪い奴等を遣付けてお前等を楽にしてやるのだと云いました」

「この様な事例に依って私は一日も早く国家改造を行わねばならぬと云う気持ちを強め、其《そ》の熱意を以て約六年間朝鮮の田舎連隊に憂悶苦悩の日を送って居りました」

一九三二年、陸軍経理学校に入校し東京に出てきてからは香田清貞《こうだきよさだ》・栗原安秀《くりはらやすひで》・安藤輝三《あんどうてるぞう》・村中孝次ら後の二・二六事件首謀青年将校と交友した。この年秋に西田との交友が復活、翌年初頭北一輝の下を訪れた。

「北一輝著日本改造法案大綱は昭和七年菅波三郎大尉から手に入れ之を読みまして、私の求めて居たものを発見しまして歓喜を覚えました」「以来専《もっぱ》ら同法案大綱其他に没頭しました」。

『日本改造法案大綱』（一九二三年刊。『国家改造案原理大綱』〔一九一八年〕の改題・伏字化、現・中公文庫）では、天皇を中心にしたクーデターを行い、特権的な身分制度を廃止し政治を民主化する、言論・集会・結社の自由を奪っていた諸法を廃止する、財産・土地の私有制度に制限を加える、労働者・農民・児童の地位向上・保護を行うという主張が行われていた。これらの国内施策のかなりの部分は、北が若き日に接した社会主義思想に影響を受けたものであった。天皇を立ててそれを行うかどうかという点で、それらの社会主義思想とは異なっているのである。

そして、北は国内で平等主義を実現するとともに、インドの独立・中国の保全などアジアの欧米の植民地からの解放を実現し国際的にも平等主義を実現せよと主張した。北においては、国内的平等主義と国際的平等主義は完全に結合しているのである。

磯部の好んだ北の言葉は「権威なき個人の礎石をもって築かれた社会は奴隷の集合」（『国体論及び純正社会主義』）というものであり、磯部はそうした視点から改造法案を「一点一画の譲歩もするな、而して、特に日本が明治以後近代的民主国なることを主張して、一切の敵類を滅亡させよ」（本書一〇七〜一〇八頁）と強調したのであった。

こうして元老・重臣らが「私利私欲を肆《ほしいまま》にし国政を紊《みだ》」るのを「直接行動に依る剣を以て立ち、之等《これら》国体破壊の不義を討取らねばならぬと考えました。夫《そ》れは昭和八年頃からの事であります」ということになっていったのである。（以上、池田俊彦編『二・二六事件

裁判　蹶起将校公判廷』原書房、一九九八年、六五～七〇頁）。

一九三四年十一月二十日、青年将校運動の中心人物磯部浅一が村中孝次らとともにクーデター計画容疑で憲兵隊により検挙された。陸士の生徒にクーデター計画を話したという容疑であった。磯部らはこれに対し、これは事件として、陸軍次官に訴えた統制派の辻政《つじまさ》信《のぶ》・片倉衷《かたくらただし》の策謀によるものとした。

しかし、翌年春磯部らは停職処分となり、生徒五人が退学処分となる。また検挙された後磯部・村中の二人は辻・片倉を誣告《ぶこく》罪で告訴、反撃したが、無視されたので一九三五年七月にはこの間の陸軍の内部事情を暴露した文書『粛軍に関する意見書』を発表。これに対し今度は陸軍は二人を免官にした（一九三五年八月二日）のだった。

事件の真相は長く明らかでなかったが、以下のようなものである。まず五・一五事件などに影響を受けた陸士候補生次木一《つぎきはじめ》らが直接行動を計画し村中・磯部ら青年将校に接近、両者の接近を知った陸士の辻政信中隊長が両者を離反させ青年将校運動を抑圧するために、情報収集・離反・抑圧活動者として彼らの間に候補生佐藤勝郎を送り込んだ。

その後、村中は、候補生の運動からの離脱を恐れて佐藤らに元来準備のない直接行動計画を不用意に話した。が、候補生の側にも最初から企図自体はあったのだから、不穏な事件が切迫していると認識した辻と仲間の片倉衷らが事件勃発を阻止し青年将校運動を抑圧するために憲兵隊に知らせた。しかし、憲兵隊などの動きが十分でないと見た辻らは深夜に陸軍次官に直接訴えて事件化したもの、であった。

以後、皇道派はリーダー格の真崎甚三郎《まさきじんざぶろう》が教育総監という地位にいたこともあり青年将校支援の活動を十分行うことができず、それに対して、青年将校運動の取締に強い意欲を持っていた永田鉄山《ながたてつざん》軍務局長らの方がその地位からして攻勢に出ることができ、村中らによる誣告罪告訴などの反撃も押さえ込むことができた。しかし、あまりに性急なその手法は村中らによる『粛軍に関する意見書』の発行、さらには自己への刃《やいば》（相沢事件）と言う最大の報復を生むことになり、青年将校運動の取り締まりどころかいっそうの過激化・急進化に至る。

すなわち、まず、この動きと相前後して起きたのが真崎教育総監罷免であった。林銑《はやしせん》十郎《じゅうろう》陸相就任後、次々と皇道派左遷人事が続き、皇道派にとって最後に残った重要ポストが陸軍三長官の一つ教育総監であったが、これを林陸相は罷免したのである。

真崎は、陸軍三長官人事は三長官の合意なしにはできないとして陸相の人事権の否定を試み、三月事件の際の永田軍務局長のクーデター企画書なるものまで持ち出し争ったが敗北しポストを失った。

そして、真崎が教育総監を罷免され（七月十五日）、磯部・村中が免官された（八月二日）ことを以って統制派による皇道派への全面的圧迫・抑圧と見た皇道派の相沢三郎《あいざわさぶろう》中佐は八月十二日に陸軍省軍務局長永田鉄山少将を斬殺するに至った。相沢事件である。皇道派の強烈な逆襲であった。

こうして両派対立はのっぴきならないところまで来た。この後、林陸相は責任を取って辞め、中立系の川島義之《かわしまよしゆき》が陸相になる。川島は両派の調停を考えたようだが、大した手も打てないままに一九三五年十二月、翌春の満州派遣が青年将校達の知るところになった。こうして急速にクーデター計画が台頭、二月には実行されることになる。それが二・二六事件であった。

二・二六事件の詳細については拙著『二・二六事件と青年将校』を見てもらうしかないが、磯部の元々の企図は、「今度こそは宮中にしのび込んででも、陛下の大御前ででも、きっと側近の奸を討ちとります」（九五頁、傍点引用者）とあるように、宮城内に入ることも考えていたのではないかとも思われるが、実行されずに事件は失敗に終わる。

その捕らわれの獄中で磯部は本書に収めた手記の大部分を書いたのだった。こうして、相沢事件にはじまり、準備段階から事件後に至るまでの全過程を当事者が書いたものとして、本書の叙述は二・二六事件の第一級の資料となっている。本書を読まずに二・二六事件は語れないと言ってよいであろう。

逆に言うと、本書をきちんと読んでおけば研究史上の難問と言われていたものも解決していたはずなのである。

一例を挙げよう。二月二十六日、事件当日の午後に出た陸軍大臣告示は、陸軍が青年将校達を認めたとされる内容を持った問題の文書であった。

即ち、青年将校達に伝えられた陸軍大臣告示は「一、蹶起の趣旨に就《つき》ては天聴《てんちょう》に達せられあり　二、諸子の真意は国体顕現《けんげん》の至情に基くものと認む　三、国体の真姿顕現（弊風をも含む）に就ては恐懼《きょうく》に堪えず　四、各軍事参議官も一致して右の趣旨に依り邁進することを申合わせたり　五、之《こ》れ以外は一に大御心《おおみごころ》に待つ」という叛乱軍に対する肯定的内容を持ったものだった。

しかし、二の「真意」は告示を決めた宮中の軍事参議官会議では最初「行動」となっており、喜んだ香椎浩平《かしいこうへい》東京警備司令官が決定前に警備司令部に電話連絡し、後から「真意」と訂正されて青年将校などに伝えられたものなのである。

このため二種類の陸軍大臣告示が存在することになり、「真意」と「行動」では大きく意味が違ってくるので、謀略説もかつては出たものであった。

その後、研究の結果今日では、二種類の陸軍大臣告示が存在するのはこの香椎浩平警備司令官の電話によるものと確定している。ここまで確定されるには色々な経緯があり、未だに間違った説を書く人もいるぐらいなのだが、本書にある通り磯部は早くから真実を叙述していたのである。

即ち陸軍大臣告示について磯部は次のように書いている。

「次の様なことが告示及戒厳命令の真相です。

大臣告示が二月廿六日宮中に於て起案された時は青年将校の行動を認めたのです。これは何と云いのがれをしても駄目です。公判に於て明かになっています、から、先頭第一番に軍の長老が認めたのです、ですから、香椎さんがよろこんで司令部に電ワをかけたのです」（本書二二七～二二八頁）「宮中に於て行動を認めると云う文句の行動を真意に訂正したと云うのだ　所が訂正しない前に香椎司令官は狂喜して電ワ連絡をしたと云う」（一八一頁）「大臣告示は二種ある　その一は　諸子の行動は国体ノ真姿顕現なることを認むと云うもの　他の一は　諸子蹶起の真意は国体の真姿顕現なることを認むと云うのだ　而して　行動の句を用ひたるものは最初に出来たものだ　真意と直《ナオ》したのは　植田ケン吉〈謙吉〉の意見により訂正したものだ（中略）全軍事参議官が認めたので警備司令官たる香椎は狂喜したのだ　ヨオシ来タと思って直ちに部下に電命して大臣告示を印刷した、香椎は正直な男だ　その時の狂喜振りを告白している」（一八三頁）

磯部のこの手記が事件全体について非常に迫力に満ちているのも、この正確な情報に基づく迫真性から来ている所が大きい。それだけに資料としての正確性も高いのである。

であろう。

一方、石原莞爾《いしはらかんじ》についての叙述のような問題点があることも指摘しておかねばならない。この事件と石原の関わりについては、本書中の「行動記」に、二十六日朝陸相官邸で傲然とした石原大佐が「『云うことをきかねば軍旗をもってきて討つ』と放言」(四九頁)したという記述があったため、かつては「傲然」としていたように見られ、そう書かれてきた。

しかし、早くに筆者が真崎と橋本欣五郎《はしもときんごろう》・石原の間に近接関係が構築されつつあったことを明らかにし、その後、北博昭氏も裁判資料に基づいてかなり違ったイメージを明瞭に出しており(北博昭『二・二六事件　全検証』朝日新聞出版、二〇〇頁)、最近刊行された山本又《やまもとまた》資料で一層この点がはっきりしてきたのだが、二十六日朝、陸相官邸前に現われた石原は「このままではみっともない、君等の云う事をきく」と山本又に言っており、官邸内で磯部・村中・香田に「負けた」と言っているのである。

磯部が片倉少佐を撃った際の「白雪の鮮血を見驚いて」「誰をやったんだ、誰をやったんだ」と叫んだ石原に、山本又が「片倉少佐」と答えると「驚き黙然たり」という(山本又『二・二六事件決起将校　最後の手記』文藝春秋、二〇一三年、二二五〜二二六頁。「行動記」では、石原の目前で撃ったかのような記述になっており、この点も異なる)。こうした言動から見て、石原は青年将校達の行動と決意に強烈なショックを受けたと見て間違いない。

磯部による古荘《ふるしょう》幹郎《もとお》次官への短刀での威圧もあって陸軍省の職員を軍人会館に集める命令が出された時に、石原はこれに賛同し、参謀本部職員は偕行社《かいこうしゃ》に集まるよう命令を出している。山本はこれを「容易ならざる英断なり。陸軍の最中枢たる参謀本部、陸軍省を蹶起部隊にゆだね、別処に集合するとは城明渡《しろあけわた》しなり。この勇断を両官に感謝すると共に同志将校の志気けんこーたり」（山本、一二七頁）と激賞している。こうして、石原は青年将校のために尽力することになるのである。

具体的には、陸相官邸で山口一太郎《やまぐちいちたろう》大尉と話した時、二人で「後継内閣」について相談し、山口が柳川平助《やながわへいすけ》中将を推したのに対し、石原は板垣征四郎《いたがきせいしろう》少将を陸相に推しており、二十六日深夜の野戦重砲第二連隊長橋本欣五郎大佐、満井佐吉《みついさきち》中佐、石原との帝国ホテル会談でも石原は山本英輔《やまもとえいすけ》首相・板垣陸相、「国体の明徴」等の明示という青年将校達に有利な内容で事態を収拾しようとするのである。

石原は最後まで青年将校に同情的だったのであり、青年将校も最後に後事を託したのは石原なのであった。

また残された留意点として次のことが挙げられよう。

手記には、磯部なりの獄中からの情勢分析のような箇所が多いが、そうした箇所は外部の様子がよくわからないままに書いているので必ずしもあたっていないところがある。

とくに皇道派の将官たちの多くは裁判が始まると青年将校との関係を否定しようとしているのが実情であり、その彼らに過度に期待したものとなっているのである。

さらに、天皇を叱責する箇所があり、従来から最も注目されるところでもある。もともと天皇を絶対化した内容を説く国体論には、自分の考える理想の天皇像と実際の天皇が異なる時どう対処するのかという問題が内在化されていた。

だから、それは、二・二六事件で実際の天皇からいわば「拒絶」され、獄中にあった磯部が当然のように逢着《ほうちゃく》した問題であったともいえよう。

そうすると、自分が理想とする天皇像を実在の天皇に合わせて変更するか、自分が理想とする天皇像からそれにあわない現実の天皇を批判するかしかないように見えることになる。天皇信仰が強烈で強いほど、自分が理想とする天皇像は絶対的なものとなるから、それを実在の天皇に合わせようという前者のような変更は難しくなるというわけである。こうして磯部のような形の後者のケースが現れることになるのである。

しかし、それは国体論という枠組みの中で起きていることなのであり、どこまで行っても天皇信仰自体が否定されるわけではない。

だから、一方では「御皇運の涯〈果〉てる事も御座ります」（九五頁）、「余は方案の為めには天子呼び来れども舟より下らずだ」（八五頁）としながら、他方では「陛下に直通することが第一番です」（本書二三二頁）「今となっては、上御一人に直接に御すがりするより他に道はないと思います」（二三〇頁）「何とかして御上から『真崎や青年将校の云い分が正しい。寺内がわるい』との一言をいただけないものでしょうか」（二三九頁）という形で、なお激しく天皇への希求は行われるのである。

従って、「叱責」と言っても「天皇」への渇仰の甚だしいところから出てきているのであり、自分が理想とする天皇像はどこまでも追求されていき、「宮中にしのび込んででも、陛下の大御前ででも、きっと側近の奸を討ちとります」ということにまでなるのである。しかし「追求」もここまでであって、これで聞き届けられなければ、結局は「諫死」するということになるであろう。そして宮中まで入らなかった二・二六事件自体もそのような構造（天皇への最終的「強制」はしない）で成り立っていたのである。蹶起前に北一輝が村中らに宮城占拠を戒めたのもかかる観点からであった。いわゆる「恋闕《れんけつ》の情」とはそういうものであろう。

最後に、「正理正論の行わるる世にあらず。断圧〈弾圧〉の中心なる陸軍中央部は陰謀数犯の前科者の寄り合いなり」（二三五〜二三六頁）という磯部の言が印象に残ることを記しておきたい。

「前科者」という用語の適否はともかく、以後、「陰謀数犯」の幹部を抱え込んだ陸軍という集団の政治的影響力が増大する時代を迎えるが、そこには絶えずそうした暗部を隠蔽・解消しようとする衝動のようなものの存在を感じるのである。自らの内部に非があることを知りながら人を裁いた集団は、たえずその後ろめたさにさいなまれ、その解消のために新しい紛争を起こしたり、拡大したりしていくという面があるのではないだろうか。こうして無理に無理を重ねた結果が八月十五日の一面だったように思われるのである。

二・二六事件については今に至るまで一知半解の不正確な歴史叙述が多い。本書のような基本的文献をまず読んでから、二・二六事件に代表される昭和超国家主義やそれに関わる戦前の昭和史を語るようにして貫いたいものである。

（帝京大学文学部長・東京財団上席研究員）

＊二・二六事件全体については、拙著『二・二六事件と青年将校』（吉川弘文館、二〇一四年）を参照されたい。一部本解説と重複する所がある。また、陸軍士官学校事件については拙著『陸軍士官学校事件』（中公選書、二〇一六年、近刊）を参照されたい。

「行動記」「獄中日記」「獄中手記」「蹶起趣意書」は、河野司編『二・二六事件――獄中手記・遺書』（一九七二年、河出書房新社）を底本とし、一部、林茂編『二・二六事件秘録・別巻』（一九七二年、小学館）で補いました。それ以外は本文中に出典を明記しています。校訂にあたっては西村望編『雪の国家』（一九七〇年、日本国憂会）を参照しました。

今日の読者に読みやすくするため表記は新字新仮名遣いとし、適宜句読点を施しました。本文中、現在では差別的と思われる表現がありますが、テーマや著者が物故していることに鑑み、そのままとしました。

中公文庫

獄《ごく》中《ちゅう》手《しゅ》記《き》

2016年2月25日　初版発行
2021年6月10日　再版発行

著　者　磯《いそ》部《べ》浅《あさ》一《いち》

発行者　松田陽三

発行所　中央公論新社
〒100-8152　東京都千代田区大手町1-7-1
電話　販売 03-5299-1730　編集 03-5299-1890
URL http://www.chuko.co.jp/

DTP　ハンズ・ミケ
印　刷　三晃印刷
製　本　小泉製本

Published by CHUOKORON-SHINSHA, INC.
Printed in Japan　ISBN978-4-12-206230-6 C1121

各書目の下段の数字はISBNコードです。978－4－12が省略してあります。

中公文庫既刊より

い-10-2
外交官の一生
石射猪太郎
日中戦争勃発時、東亜局長として軍部の専横に抗し、戦争終結への道を求め続けた著者が自らの日記をもとに綴った第一級の外交記録。〈解説〉加藤陽子
206160-6

い-61-2
最終戦争論
石原莞爾
戦争術発達の極点に絶対平和が到来する。戦史研究と日蓮信仰を背景にした石原莞爾の特異な予見は、日本を満州事変へと駆り立てた。〈解説〉松本健一
203898-1

い-61-3
戦争史大観
石原莞爾
使命感過多なナショナリストの魂と冷徹なリアリストの眼をもつ石原莞爾。真骨頂を示す軍事学論・戦争史観・思索史的自叙伝を収録。〈解説〉佐高　信
204013-7

い-65-2
軍国日本の興亡　日清戦争から日中戦争へ
猪木正道
日清・日露戦争に勝利した日本は軍国主義化し、国際的に孤立した。軍部の独走を許し国家の自爆に至った経緯を詳説する。著者の回想「軍国日本に生きる」を併録。
207013-4

い-108-6
昭和16年夏の敗戦　新版
猪瀬直樹
日米開戦前、総力戦研究所の精鋭たちが出した結論は「日本必敗」。それでも開戦に至った過程を描き、日本的組織の構造的欠陥を衝く。〈巻末対談〉石破　茂
206892-6

お-19-2
岡田啓介回顧録
岡田啓介
岡田貞寛　編
日清・日露戦争に従軍し、条約派として軍縮を推進、二・二六事件で襲撃され、戦争末期に和平工作に従事した海軍高官が語る大日本帝国の興亡。〈解説〉戸高一成
206074-6

お-47-3
復興亜細亜の諸問題・新亜細亜小論
大川周明
チベット、中央アジア、中東。今なお紛争の火種となっている地域を「東亜の論客」が第一次世界大戦後の〈復興〉という視点から分析、提言する。〈解説〉大塚健洋
206250-4

き-42-1
日本改造法案大綱
北　一輝
軍部のクーデター、そして戒厳令下での国家改造シナリオを提示し、二・二六事件を起こした青年将校たちの理論的支柱となった危険な書。〈解説〉嘉戸一将
206044-9

き-13-2
秘録 東京裁判
清瀬　一郎
弁護団の中心人物であった著者が、文明の名のもとに行われた戦争裁判の実態を活写する迫真のドキュメント。ポツダム宣言と玉音放送の全文を収録。
204062-5

さ-4-2
回顧七十年
斎藤　隆夫
陸軍を中心とする革新派が台頭する昭和十年代、「粛軍演説」等で「現状維持」を訴え、除名されても信念を曲げなかった議会政治家の自伝。〈解説〉伊藤　隆
206013-5

さ-27-3
妻たちの二・二六事件 新装版
澤地　久枝
〝至誠〟に殉じた二・二六事件の若き将校たち。彼らへの愛を秘めて激動の昭和を生きた妻たちの三十五年をたどる、感動のドキュメント。〈解説〉中田整一
206499-7

し-5-2
外交五十年
幣原喜重郎
戦前、「幣原外交」とよばれる国際協調政策を推進した外交官であり、戦後、新憲法に軍備放棄を盛り込むことを進言した総理が綴る外交秘史。〈解説〉筒井清忠
206109-5

し-45-1
外交回想録
重光　葵
駐ソ・駐英大使等として第二次大戦への日本参戦を阻止するべく心血を注ぐが果たせず。日米開戦直前まで約三十年の貴重な日本外交の記録。〈解説〉筒井清忠
205515-5

し-45-2
昭和の動乱（上）
重光　葵
重光葵元外相が巣鴨獄中で書いた、貴重な昭和の外交記録である。上巻は満州事変から宇垣内閣が流産するまでの経緯を世界的視野に立って描く。
203918-6

し-45-3
昭和の動乱（下）
重光　葵
重光葵元外相は巣鴨に於いて新たに取材をし、この記録を書いた。下巻は終戦工作からポツダム宣言受諾、降伏文書調印に至るまでを描く。〈解説〉牛村　圭
203919-3

各書目の下段の数字はISBNコードです。978－4－12が省略してあります。

す-26-1
私の昭和史（上）二・二六事件異聞
末松太平
陸軍「青年将校グループ」の中心人物であった著者が、実体験のみを客観的に綴った貴重な記録。上巻は大岸頼好との出会いから相沢事件の直前までを収録。
205761-6

す-26-2
私の昭和史（下）二・二六事件異聞
末松太平
二・二六事件の、結果だけでなく全過程を把握する手だてとなる昭和史第一級資料。下巻は相沢事件前後から裁判の判決、大岸頼好との別れまでを収録。
205762-3

た-5-3
高橋是清自伝（上）
高橋是清
上塚司 編
日本財政の守護神と称えられた明治人の足跡。海外を流浪した青年時代、帰国後大蔵省に出仕するも飽きたらず、銅山経営のため南米に渡るまでを綴る。
206565-9

た-5-4
高橋是清自伝（下）
高橋是清
上塚司 編
失意の銅山経営から帰国後、実業界に転身。やがて日本銀行に入る。そして日露戦争が勃発、祖国の命運を担い、外債募集の旅に赴く。〈解説〉井上寿一
206566-6

つ-25-2
帝都復興の時代 関東大震災以後
筒井清忠
政治に翻弄された復興官庁の経緯を描き、大震災以後の社会意識の変化を追う本書は、大震災と日本人について歴史的視座からその深奥に迫る。〈解説〉苅部直
206423-2

よ-24-8
回想十年（上）
吉田茂
政界を引退してまもなく池田勇人や佐藤栄作らを相手に語った回想。戦後政治の内幕を述べつつ日本が進むべき「保守本流」を訴える。〈解説〉井上寿一
206046-3

よ-24-9
回想十年（中）
吉田茂
吉田茂が語った「戦後日本の形成」。中巻では、自衛隊創立、農地改革、食糧事情そしてサンフランシスコ講和条約締結の顛末等を振り返る。〈解説〉井上寿一
206057-9

よ-24-10
回想十年（下）
吉田茂
戦後日本はどのように復興していったのか。下巻では、ドッジライン、朝鮮戦争特需、三度の行政整理など、主に内政面から振り返る。〈解説〉井上寿一
206070-8